I'm Half of Your Heart

I'M HALF OF YOUR HEART

Selected Poems: 1967 - 2017

Julian Kornhauser

Edited and Translated from Polish by Piotr Florczyk

Foreword by Paul Vangelisti
Afterword by Jacek Gutorow

LOST HORSE PRESS
Sandpoint, Idaho

ACKNOWLEDGMENTS

This publication has been supported by the ©POLAND Translation Program.

Cover Art by Andrzej Wróblewski (1927-1957); *Sunken Cities, (Sunken City II);* oil on canvas; 90 x 120 cm; private collection/courtesy of Andrzej Wróblewski Foundation.
Author Photo: Courtesy of the poet's private collection.
Book Design: Christine Holbert.

FIRST EDITION

This and other fine Lost Horse Press titles may be viewed online at www.losthorsepress.org.

LIBRARY OF CONGRESS CATALOGING-IN-PUBLICATION DATA

Names: Kornhauser, Julian, author. | Florczyk, Piotr, translator.
Title: I'm half of your heart : selected poems, 1967-2017 / by Julian Kornhauser ; edited and translated from Polish by Piotr Florczyk ; foreword by Paul Vangelisti ; afterword by Jacek Gutorow.
Other titles: I am half of your heart
Description: Sandpoint, Idaho : Lost Horse Press, [2018] | Includes bibliographical references.
Identifiers: LCCN 2018030980 | ISBN 9780999199428 (trade pbk. : alk. paper)
Subjects: LCSH: Kornhauser, Julian—Translations into English.
Classification: LCC PG7170.O68 A2 2018 | DDC 891.8/517—dc23
LC record available at https://lccn.loc.gov/2018030980

TABLE OF CONTENTS

IMPERFECT MUSIC

It's a late December afternoon in Bydgoszcz, in northern Poland, the night's falling and it's barely 3:30 PM. Thinking back on how I'd come across Julian Kornhauser's poetry, I realize it's been more than forty years since I'd first visited Poland and learned of his work.

It was 1976 and I was especially interested in innovative poetry, having the previous year produced a series of radio programs on contemporary poets in France and Italy. Writing, translating, and working as Cultural Affairs director at one of the most radical public radio stations in the US, KPFK radio in Los Angeles, I'd set a course for a life in the, for lack of a better word, experimental tradition. The program at the time was to repurpose cultural production by flattening or minimizing the rhetoric of folk or popular expression, while reviving the story implicit in poetic language through a trust in the music, the imperfect, silent music, that spurs invention. At work too was an attitude toward poetic discourse, however minimally that might be defined, wherein the poem is the epitome and conscience of a given language.

Implicit in this view of poetry was the notion that what was innovative formally or aesthetically was politically so as well. Focusing on new, experimental work, poetry, music and arts festivals in Italy and France, for instance, were often sponsored by the local and regional Communist and Socialist parties. Culture, then—and not its pop or commercial manifestations—was a necessary part of political life. As director Bernardo Bertolucci stated in a 2007 newspaper article recalling the place of poetry in Italian cultural life of the period: "Words, books, films were perceived in a way I would call sensual. In that climate of extraordinary creative, moral and political tension we saw something irresistible: the public's eyes that reinvented that which it received, elaborating it, extending it, sending it off in a new direction."

i

The Seventies also marked the start of my impatience with contemporary American poetry, where the connection between artistic experimentation and the Left was problematic at best. And it couldn't help but stir one's dissatisfaction with the then useless and false division in US poetry between, as poet Bert Myers coined it, 'the breathers and the dreamers,' followers of Olson's projective verse set against the adherents to the deep image school of writing.

I soon recognized that some young Polish poets, including Kornhauser, were also working in an innovative tradition, clearly apart from what was happening in the US. Though historically, of course, it wasn't that simple.

Let's return for a moment to 1976. A poet friend had been offered summer Fulbright sojourns in both Czechoslovakia and Poland and asked if I would be interested in the Polish program. Two months later I found myself teaching contemporary American poetry at Adam Mickiewicz University in Poznań and, with scholar and translator Milne Holton, leading a workshop in translating contemporary poetry. The fruit of that workshop became a volume, *The New Polish Poetry*, which appeared two years later, in 1978, from the University of Pittsburgh Press. And in that volume were three of Kornhauser's poems. These poems, from early books, such as *In the Factories We Pretend to Be Sad Revolutionaries*, exhibited a kind of invention that, for me, stood out in our collection. An invention that, like the Italian and French poetry I'd been recently drawn to, was prepared to confront and transform the languages of mass media.

In fall of 1977, while I and Milne Holton were editing the afore-mentioned anthology, I met the Polish artist Jan Sawka at a private showing of his work in the Hollywood Hills. He was very interested in our anthology and thoroughly questioned me about it. Instead of talking about painting, he dwelled on poetry— his passion for the form, his collaborations with poets in books, magazines and posters. He asked to see my work and a few days later we met briefly. I gave him several books and we parted in the hope of meeting again. After only a couple of months, Sawka sent from Paris fourteen of my poems, calligraphed and illustrated. Only a few months later, four of these poems appeared in Kraków in the magazine, *Student*. Almost as remarkable as the speed with which Sawka worked was the translator's signature: Paweł Postoł. Paul Vangelisti in the hands of the Apostle Paul. Sawka would soon explain that Paweł Postoł was Stanisław Barańczak, once again dodging the censors.

In the summer of 1978, when I was again on my way to teach at Poznań, Sawka suggested another anthology, a selection of younger poets, the Generation of '68 (which included Barańczak and Kornhauser), and would be illustrated by Sawka. Since he had just moved with his family from Paris to New York, Sawka assured me that the project would be done quickly. John McBride (my co-editor on the magazine *Invisible City* and the Red Hill Press) and I agreed to publish the collection, as who were we to doubt the transcontinental magic at Sawka's disposal.

But here even Sawka couldn't work miracles. It was a difficult, unsteady time in Poland. Some of the poets were practically under house arrest, and ultimately martial law was declared. Three years later the manuscript arrived in the mail from England, via diplomatic pouch.

In the summer of 1982, *Humps & Wings: Polish Poetry Since '68* was published by the Red Hill Press as the first in a series of Invisible City Editions. Edited by Tadeusz Nyczek, translated by Bogusław Rostworowski and illustrated by Jan Sawka, it contained English versions of the work of six poets: Stanisław Barańczak, Krzysztof Karasek, Julian Kornhauser, Ryszard Krynicki, Antoni Pawlak and Adam Zagajewski.

Looking back at *Humps & Wings*, through the filter of this current collection of Kornhauser's poetry (and, of course, the intervening forty years) several things stand out. First and foremost, the *public* strength of the poetic language; not only a moral or political conviction but a linguistic sureness, a knowledge of the treacherous landscape of the manipulated word. Secondly, this hyperconsciousness leads not so much to an interest in what previous generations considered the purity of language, but the exploration of what Barańczak called 'dirty' language, or 'language spoiled and misused.' And lastly, the afore-mentioned notion of the poem as the 'conscience of language,' a fundamental quality shared with the Italian and French poets I've translated over the years.

Specifically, many of the neo-avant-gardes, dating from the post-war through the start of the 1980s, were convinced that the experimental adventure inherent in modernism—for myriad reasons, not the least of which was the rise of fascism and nationalism—had not run its course. Surely, not as long as the symbolic rhetoric of Wagnerism (dangerously mediocre in all its manifestations, including the political) was still lurking and at work in our imaginations. Thus, for many of the new European poets of the Sixties and Seventies, symbolic language was to be eschewed. Kornhauser and his fellow poets of the '68 generation were no exception.

In place of symbol one finds a poetry at once paradoxical and compact, dense if you will, in its manipulation of syntax. This keen attention to syntax, to the narrative implicit in the ordinary sentence, creates the silent music alluded to at the start of this recollection. Put another way, in the words of the Italian poet Giulia Niccolai, "it is the internal tension of language which frees it of confessionalism and provincialism."

Now back in Poland at the close of 2017, surveying this American edition of Kornhauser's selected poems, *I'm Half of Your Heart*, one can't help but recognize the initial attraction of his writing. There are some twenty more years of poetry in Piotr

Florczyk's selection and it's not so difficult to spot the changes in Kornhauser. They are, however, changes brought on by the relentless scrutiny of one's writing that comes with age.

Let's look at two of the earlier poems in the volume, "When You See a Crowd, Quickly Return Home" (from *In the Factories We Pretend to Be Sad Revolutionaries*, 1973) and "Oblivion" (from *State of Emergency*, 1978). The former, originally published five years earlier, appears significantly later in Florczyk's selection, leading us to a brief consideration of his ordering of the text. Though in some sense chronological, with poems from the Seventies in the first half of the book and poems from the Eighties and Nineties toward the end, *I'm Half of Your Heart* departs from the stricter chronology to be expected in an historical volume. Florczyk instead chooses to arrange the volume in a more or less thematic way, believing that in an introductory selection such as this, the poet's career is best served not by adhering to its original publishing context but by treating the selection as a unique book by a poet whose subject matter and technique are unfamiliar to the reader. As Florczyk states:

> I have decided not to organize the poems chronologically or in adherence to their publication context, believing as I do that selected volumes, especially those by translated poets, should be treated as unique individual books. That my selection might reflect my personal taste and ability as translator is inevitable. At the same time, I trust that the reader will find here the very best poems whose thematic and formal design have occupied Julian Kornhauser throughout his career.

In the first, "When You See a Crowd, Quickly Return Home" (also published in the 1982 *Humps & Wings*), the poet is certainly ill-at-ease with the social, with the dimension of life and language which traditionally has been meant to bring people together:

When you see a crowd, quickly return home,
the crowd will carry you into a burning country,
the crowd will stop your breathing, hand you over
to defenselessness, open up the shops of hearts.

The political is no refuge from this pressing discomfort. Especially considering the country to which the poet is returning, a convoluted and murky political landscape in which, it seems, spies have been accusing other spies of spying:

> At home
> anti-Communism awaits you, a pantry
> full of winter supplies. Neither to the left
> nor to the right, you're warned by your grandfather who
> survived two wars and knows what he's saying.

There is no relief, only an ironic clarity that comes with a keenness of vision perhaps accessible only within poetic discourse. It's the product of an imagination in which poetic language, in Gilbert Sorrentino's terms, serves as a kind of "corrosive sublimate"; through its reaction with a given language and society, resulting in a true image of what has been, and is taking place:

> Actually,
> if people are dying in some foreign city,
> which we visit during the holidays, we can
> sit down quietly to a democratic dinner
> and wait to see what happens. Or announce a hunger strike.

The enormity of the poet's unease takes on almost ontological dimensions in another of the earlier poems in the collection, "Oblivion." It is one of my favorite poems in this book, herald of a poetics notable not only for its clarity but for its hard-boiled view of the poet's life:

So many things to be named
But I won't name them
This warm morning this cool night
Everything has become the past
And as you know the past doesn't exist

Kornhauser's vision, however, isn't despairing. It's born, instead, from a conviction in poetry as a defense against the chaos of propaganda, that of the totalitarian state and of the equally noxious, and ultimately more insidious promotion of the corporate/consumer state:

I sit write smoke cigarettes
My hope (one of those few
good hours when I believe in myself)
Just as I suspected
Has a short breath her heart can't stand
Such an altitude

Kornhauser's poetry is dense, indeed, with the failure of writing and, more importantly, with the awareness and imaginative faith which this failure induces in language. Hope does return but is only as ephemeral and unverifiable as the 'truth' of the poem itself:

Of course I could say "that was a lot"
But is that true
It's impossible to verify it
I now press the keys of my *Consul*
Letters leap like sparks
What a pity that this only is true

In two much later poems at the end of *I'm Half of Your Heart*, the poet's intensity hasn't abated, if anything the verse is even more pared down, insistent. The penultimate poem in the collection, the five-line "Eternity," is as elliptical and haunting as any of Kornhauser's earlier work:

> people die
> ivy grows
> mallows release a scent
> eternity short as a song
> an unfinished song

The last piece, "Nothing More," brings us full circle to the unsparing clarity of the earlier "Oblivion." The singularity of the experience is inescapable. Like the poems above, it's not an occasion for despair, but possesses a finality distinctive to Kornhauser's work:

> Nothing more.
> Smoke, two wild ducks,
> bonfire ash.

> Nothing more.
> Sleeping waterweeds,
> narrow trail.

The act of negation rectifies the world and its perception engendered by words. Like the poem, it leaves us with the paradox of being precise, particular, dense as possible, in order to discover something beyond ourselves:

> Beyond the water nothing,
> beyond the tracks
> nothing.

Nothing more,
nothing again,
never again
for nothing
in the world
nothing.

While the work of other members of the Polish Generation of '68, most notably Adam Zagajewski and Ryszard Krynicki, has been published in translation in the US, a career-spanning selection of Kornhauser's poetry is long overdue; and Piotr Florczyk has done a fine job making it available to us. As a final comment, I offer what John McBride wrote in his publisher's note to *Humps & Wings* some thirty-five years ago: "Perhaps these poems written amid one propaganda serve, in translation, to reveal something else here. Sly, indirect, 'basically impossible,' these poems deserve a reading."

Paul Vangelisti
Bydgoszcz-Los Angeles, 2018

I'm Half of Your Heart

Selected Poems: 1967 - 2017

KWICZOŁ

Przylatywał kilka dni z rzędu
na ten sam krzak dzikiej róży.
Przechadzał się potem wśród gawronów
jak przybysz z zaświatów.
Nie wiedzieliśmy, jak się nazywa,
zajrzeliśmy więc do *Atlasu ptaków*.
Kiedy już go rozpoznaliśmy
pośród świergotków i drozdów,
odfrunął i nie wrócił więcej.
Jego pusta nazwa, tytuł do chwały,
zawisła na gałązce jak płatek śniegu.

FIELDFARE

It kept coming several days in a row
landing on the same bush of wild rose.
It later strolled among rooks
like a newcomer from the underworld.
We didn't know its name then,
so we checked in *The Atlas of Birds.*
When we identified it at last
between twitters and thrushes,
it took off and never came back.
Its hollow name, a way to glory,
hung on a branch like a snowflake.

NIEZMIENNA ZMIENNOŚĆ

Wszystko się zmienia i biegnę do ciebie
ciągle taki sam
wszystko się zmienia i dzieci śnią
sny ciągle od początku
zmienia się to co się nie zmienia
tak zawsze i nigdy
za daleko do tego co ucieka
i za blisko do tego co przybliżone
wiesz jak powiedzieć co niepowiedziane
choć idę nasłuchując i nie słysząc
wszystko się zmienia gdy już zmienione
na dobre złe i na złe dobre

CHANGELESS CHANGE

everything changes and I run to you
still the same
everything changes and children are dreaming
dreams over and over
changing is what doesn't change
always the same and never
too far from what's slipping away
and too near to what's near
you know how to say the unspoken
though I walk straining yet unable to hear
everything changes after it's been changed
for good evil and for evil good

STARA BÓŻNICA

Cicho
pusto
złoty świecznik błyszczy
jak oko lisa

niewidzialny rebe
śpiewa beztrosko
jego śpiew unosi się powoli
jak dym

pejsaty chłopiec
jingł wus mot em ungeszługn
śmieje się z obrazu
wyciera krople krwi z czoła

moi dziadkowie
kiwają do mnie z bimy
jeszcze nie wiedzą że im korona
spadnie na głowę

przykryty tałesem
ze srebrną atarą na ustach
krzyczę
wołam
ale nikt mnie nie słyszy

ulica Szeroka
jest coraz węższa

nie przecisnę się tędy już nigdy

THE OLD SYNAGOGUE

Quiet
empty
a golden candlestick shines
like a fox's eye

an invisible rebbe
sings casually
his singing rises slowly
like smoke

a boy with sidelocks
yingl vus mot em ungeshlugn
laughs in the painting
wipes drops of blood from his forehead

my grandparents
beckon to me from the bima
they don't know yet that a crown
will fall on their heads

covered with a tallit
with a silver atara on my lips
I'm screaming
calling out
but no one hears me

Szeroka Street
is getting narrower

I won't squeeze through ever again

ORIGAMI

W pociągu z Krakowa do Oświęcimia
troje młodych Japończyków
układa origami
zabijając czas.
Mijamy wzgórza i lasy,
a papierowy łabędź
spogląda sennie na płonące
trawy.

ORIGAMI

On the train from Kraków to Auschwitz
three young Japanese
fold origami
killing time.
We go past hills and woods,
a paper swan
looks sleepily on the burning
grass.

W SŁOŃCU

W słońcu, które przypomniało mi
ulicę Olchową, rozebrany garaż
na podwórku, śmietnik wśród jabłoni,
składaną drabinę opartą o ścianę
domu, babcię uciekającą przede mną
z nożem w ręku, małego Niemca
podającego mi kulki do gry
przez wysoki parkan i kamienny sklepik
z białym wąsem mąki,
zobaczyłem nagle rodziców trzymających
się za ręce w żółtych skrzydłach trawy,
na którą spadała z nieba
drobno posiekana maca.

IN THE SUN

In the sun that reminded me
of Olchowa Street, a demolished garage
in the front yard, a dumpster among apple trees,
a fold-up ladder propped against the wall
of a house, my grandmother fleeing from me
wielding a knife, a little German boy
handing me marbles
over a tall fence and a stone-walled shop
with a white mustache of flour,
I suddenly saw my parents holding
hands in the yellow wings of grass,
on which finely chopped matzo
was falling from the sky.

STOS

Jeszcze trochę płoń. Serce zamknięte,
światło zamknięte, wybij oko godziny. Czy
słyszysz, jak zdycha we mnie wąż nadziei.
Ach, umierać w kokonie sztandaru,
ociekając smalcem ognia.

PYRE

Burn a little longer, closed heart,
closed light. Poke the hour's eye out. Can you
hear the serpent of hope dying inside me.
Ah, to die in the banner's cocoon,
dripping with the lard of the fire.

MORZA, OCEANY

Jak się cieszę, że są jeszcze
ludzie spragnieni widoku nowych
krajów, nowych miast, innych
flag, innych placów. Opowiadają
o swoich przyszłych wędrówkach,
trzymając w ręce siatkę
z zakupami.

SEAS, OCEANS

How glad I am that there are still
people thirsty for vistas of new
countries, new cities, other
flags, other squares. They talk
about their future wanderings,
carrying bags
of groceries.

PEJZAŻ Z MURNAU (KANDINSKY, 1909)

W żółtych domkach protestancki ogień,
w żółtych domkach pachnące siano, woda w wiadrach,
w żółtych domkach wypoczywające buty,
w żółtych domkach lśniący kieł kosy, miłość i mak.
A w górach?
W górach granatowe lasy wspinają się na palce,
dotykają włosami różowych policzków nieba
i rosną. Tak, lasy rosną, snuje się dym,
skrzypiące liście wchodzą na strych.
Domki, lasy i góry! Przeszłość jak dolina,
z której wyrastacie, upojnie pachnie
jak wrzosowy miód.

MURNAU LANDSCAPE (KANDINSKY, 1909)

Yellow little houses with Protestant fires,
yellow little houses with fragrant hay and water in buckets,
yellow little houses with shoes at rest,
yellow little houses with glinting fangs of the scythes, poppies and love.
And in the mountains?
In the mountains the dark blue forests climb up on their tiptoes,
touch the pink cheeks of the sky with their hair
and grow. Yes, the forests are growing, the smoke is drifting,
the crinkly leaves are invading the attic.
Little houses, forests and mountains! The past like a valley,
from which you grow out, smells enchantingly
like heather honey.

PUDEŁKO

Mały, umorusany żebrak
niesie pod pachą wielkie, tekturowe pudło.
Co tam masz w tym pudełku?
Pewnie dużo uzbierałeś pieniędzy?

Chłopiec podnosi powoli wieko,
kładzie je na chodniku.
Na dnie widać drobnego żółwia,
wyciągającego szyję do chłopca.

A BOX

A grimy young beggar
carries a large, cardboard box under his arm.
What do you have in that box?
You must've collected lots of money?

The boy slowly lifts off the lid,
puts it down on the sidewalk.
A tiny turtle visible on the bottom
stretches its neck out to him.

MOJA KOCHANA MAMA

moja mamusia
pije

dlatego że wyszła
niedobrze za mąż
i jest nieszczęśliwa

raz kupiła mi buciki
były za duże
ale z czerwonym paskiem

wujku
musisz być bardzo bogaty
bo tyle u was ciepłej wody

co najbardziej chciałbyś

nic
tylko żeby mnie ktoś kochał
troszeczkę

MY DEAR MOM

my mommy
drinks

because she married
badly
and is unhappy

once she bought me shoes
they were too big
but with a red stripe

uncle
you must be very rich
because your house has so much warm water

what would you want the most

nothing
just to have someone love me
a little

PLECKI

Twoje plecki pochylone nad miską
są bezbronne jak krakowska mgła.
Kiedy biegniesz boso po podłodze,
rozlegają się brawa firanek.
Jakże ciche jest to popołudnie,
pełne wypieczonych bagietek,
oddychającego psa
i szeleszczącej gazety.
Jakże mądre jest, synku,
to nasycone brzęczenie
pszczoły,
ten niebywały, niebezpieczny
rechot rzeki, połykającej kamienie.
Twoje plecki pochylone nad miską
mówią mi więcej
niż niejedna
opowieść.

MY SON'S BACK

Your back bent over the washbowl
is as defenseless as Kraków's fog.
When you run barefoot on the floor,
the lace curtains applaud.
How hushed this afternoon is,
filled with well-baked baguettes,
a breathing dog
and a rustling newspaper.
How wise, my son,
this saturated buzzing
of a bee is,
this unusual, dangerous
gurgle of the river
swallowing stones.
Your back bent over the washbowl
tells me more
than countless
stories.

NIEPAMIĘĆ

Tyle jest rzeczy do nazwania
Ale nie nazwę ich
Ten ciepły poranek ta chłodna noc
Wszystko już stało się przeszłością
A jak wiadomo przeszłość nie istnieje
Siedzę piszę palę papierosy
Moja nadzieja (jedna z tych niewielu
dobrych godzin kiedy wierzę w siebie)
Tak jak przypuszczałem
Ma krótki oddech jej serce nie wytrzymuje
Takiej wysokości
Mógłbym oczywiście powiedzieć „było to wiele"
Ale czy jest to prawdziwe
Nie można tego sprawdzić
Naciskam teraz klawisze mojego „Consula"
Litery skaczą jak iskierki
Szkoda że tylko to jest prawdą

OBLIVION

So many things to be named
But I won't name them
This warm morning this cool night
Everything has become the past
And as you know the past doesn't exist
I sit write smoke cigarettes
My hope (one of those few
good hours when I believe in myself)
Just as I suspected
Has a short breath her heart can't stand
Such an altitude
Of course I could say "that was a lot"
But is that true
It's impossible to verify it
I now press the keys of my *Consul*
Letters leap like sparks
What a pity that this only is true

FORMA

Trzeba mówić jakieś prawdy
trzeba udawać że się jest sobą
trzeba być wyrozumiałym

ale nie ma już formy
która ubrałaby te prawdy

formy znikły
spaliły się
żyjemy w świecie bez form

gołe nazwy
różowe sutki
skrzypiące furtki
zostały pozbawione skóry

dotykamy mięsa
które śmierdzi

nawet kościół
został opuszczony przez formę
ludzie wchodzą i wychodzą
krawaty chowają do kieszeni

forma już nie powróci

to co jest zewnętrzne i nagie
to co śmierdzi i nie łaknie
leży pokotem na ulicach

THE FORM

You have to speak some truths
you have to pretend to be yourself
you have to be understanding

but there is no form anymore
which would dress up these truths

forms have disappeared
they have burned down
we live in a world without forms

hollow names
pink nipples
creaking gates
have been deprived of skin

we touch the meat
that stinks

even the church
has lost its form
people come in and out
put away their ties in their pockets

the form will not return

what is exterior and naked
what smells and does not desire
lies side by side on the streets

ludzie chodzą po tym
nie widząc co depczą

ślady butów
plamy i kurz
trwałe formy zastępcze

people walk all over it
not seeing what they trample

traces of shoeprints
stains and dust
the permanent substitute forms

ROZŁĄKA

Dla jednego kilka miesięcy
dla drugiego dzień

każde słowo może być ostatnie

ale lęk przed nim
jest upokarzający

to słowo wydłuża się
obejmuje nawet pustkę
jaka powstaje

kiedy idziesz
aby znaleźć punkt oparcia
inne słowa śmieją się

A SEPARATION

For one it's a few months
for someone else a day

every word can be the last one

but to fear it
is humiliating

this word grows larger
it even encompasses the emptiness
that emerges

when you are going around
looking for something to lean on
the other words laugh

ŚMIECH

Koło fontanny
śmieją się dzieci

ich śmiech
budzi gołębie
ściska za serce

zmęczeni turyści
spoglądają na wieże
wloką się
na smyczy aparatów fotograficznych

dzieci na swych grubych nóżkach
pędzą
nie oglądając się za siebie

LAUGHTER

Beside the fountain
children are laughing

their laughter
wakes up the pigeons
squeezes the heart

the tired tourists
glance at the towers
drag along
on the leashes of their cameras

the children on their thick legs
scamper
without looking back

UNIA

Na gałęzi gawron obstukuje
zamarzniętą skórkę chleba.
Pracuje ciężko i wytrwale.
Pod drzewem drugi gawron
chwyta w locie spadające
okruszki.

UNION

On the branch a rook pecks
a frozen crust of bread.
It works hard and persistently.
Under the tree a second rook
catches the falling crumbs
in mid-air.

SPLIT

Idę przez całe miasto
nocą, do portu.
Pada drobny, ciepły deszcz.
Słyszę przed sobą tylko
kroki morza.

SPLIT, CROATIA

I walk across the city
at night, to the harbor.
Warm rain sprinkles down.
Before me I hear only
the footsteps of the sea.

TECZKI

Półtora miliona nazwisk.
Dwieście czterdzieści tysięcy skatalogowanych.
Funkcjonariusze i pokrzywdzeni.
Agenci i kandydaci na agentów.
A wśród teczek tylko jeden
żywy mól bez sygnatury.

THE POLICE FILES

A million and a half names.
Two hundred and forty thousand cataloged.
The perpetrators and the victims.
Agents and candidates for agents.
And among the files only one
live moth without a signature.

Z FRONTU

Czy ta gwiazda Dawida
na pięknej, starej kamienicy w Zabrzu
została tak starannie narysowana przez antysemitów,
czy jest jej prawdziwą ozdobą od lat?
Skąd to pytanie?
Może lepiej wpatrywać się
w brązowe gzymsy nad oknami?

FROM THE FRONTLINE

Is it possible that the Star of David
on a beautiful, old tenement in Zabrze
was so carefully drawn by anti-Semites,
or has it been a real ornament for years?
Whence this question?
Perhaps it's better to contemplate
the brown cornices above the windows?

DLACZEGO NAS?

Pamięci Milana Milišicia, serbskiego poety
z Dubrownika, który zginął od kuli swoich
ziomków w czasie oblężenia 5.10.1991 roku

W zburzonej kuchni, gdzie leżysz z przestrzelonym płucem,
pachnie ugotowaną przed chwilą zupą. Garnek
przekrzywiony śmiesznie stoi na pękniętym palniku.
W oddali słychać wybuchy i plusk spadających szyb.
Jelena z trudem podbiega do ciebie, klęka i obejmuje
twoją ciężką głowę. Eksplozje oświetlają całe mieszkanie,
gdzieś głośno jęczy karetka pogotowia. Przewrócony stół
i wyrwane ze ścian szafki wyglądają jak wyrąbany las.
Kiedy Jelena przenosi twe zamordowane ciało na łóżko,
w Grużu od granatu ginie kobieta spiesząca do biura.
Z okna widać rozwalony mostek, przez który przechodziłeś
codziennie, często się na nim zatrzymując. Jeszcze przed minutą
na balkonie wołałeś do Jeleny: "Oni chcą nas zabić! Ale dlaczego
nas, dlaczego nas?!" Jeszcze przed rokiem pływałeś
na żaglówce z przyjacielem gwiżdżąc na sztormową pogodę,
śmiejąc się do czerwonego wina. Teraz, kiedy Radio-Dubrownik
ogłasza wiadomość: "Tej nocy zabili poetę", a Jelena głaszcze
bez słowa skargi twoją zakrwawioną szyję, w powietrzu
przesyconym zapachem dymu i gazu fruwa mała karteczka, wyrwana
z notatnika. Napisałeś na niej: "Wydaje mi się, że nie biorę
udziału w historii, ale w farsie. W farsie wojny, patriotyzmu
i walki o wolność. Ale najgorzej będzie, kiedy nadejdą ci
oswobodziciele, co nam obiecują wolność. I z jednej, i z drugiej
strony". Twój ukochany owczarek Tornjak warował przez całą noc
przy tobie. Potem, gdy pochowano cię w obecności trzech księży,
bo jedyny pop opuścił miasto, Tornjaka uśpili,
żeby skrócić mu cierpienie. Teraz, gdy zabito poetę i jego
ukochanego psa, na Stradunie wyje już tylko wiatr i fontanna.

WHY US?

*In memory of Milan Milišić, the Serbian poet
from Dubrovnik, who was shot to death by his
compatriots during the siege on October 5, 1991.*

The wrecked kitchen, where you lie with a shot-through lung,
fills with the aroma of freshly cooked soup. The pot
stands tilted comically on a cracked burner.
One can hear blasts and the splash of broken windows falling in the distance.
Struggling, Jelena runs up to you, kneels down and embraces
your heavy head. Explosions illuminate the apartment;
somewhere an ambulance moans loudly. The knocked over table
and the cabinets torn from the walls resemble a hacked-up forest.
When Jelena moves your murdered body onto the bed,
in Gruž a hand grenade kills a woman rushing to the office.
From the window one can see a shattered footbridge, the same
you crossed daily, often pausing. Just a minute ago
you shouted on the balcony to Jelena: "They want to kills us! But why
us, why us?!" Just a year ago you sailed
with your friend, not giving a hoot about stormy weather,
laughing over red wine. Now, when Radio Dubrovnik
announces, "They killed a poet tonight," and Jelena
strokes your bloodied neck without a word of complaint, a torn
notebook paper floats in the air saturated with the smell of smoke and gas.
You wrote on it: "It seems to me I'm not taking
part in history but in a farce. In the farce of war, patriotism
and struggle for freedom. But the worst will be when
the liberators who promise us freedom show up. From this or that
side." Your beloved sheepdog, Tornjak, guarded you
through the night. Then, after you were buried in the presence
        of three Catholic priests
because the only Orthodox one had suddenly left, Tornjak was put to sleep
to shorten his suffering. Now, when the poet and his beloved dog
have been killed, only the wind and the fountain still howl on Stradun Street.

OSIEM LINIJEK

Pamiętasz ten piękny wiersz
Williamsa *Czerwone taczki?*
Często wracam do niego,
do jego białych i czerwonych
plam, i gdy czytam na głos to
jedno krótkie zdanie, rozbite
na osiem linijek, wydaje mi się,
że stoję nieruchomo na deszczu
w miasteczku Rutherford.

EIGHT LINES

Remember that beautiful poem
where Williams described the wheelbarrow?
I often return to it,
to its white and red
colors, and when I read aloud that
one short sentence, broken
into eight lines, it seems to me
I'm standing still in the rain
in the town of Rutherford.

ROTHKO CHAPEL

W Rothko Chapel
obok menory stoi krucyfiks
a długowłosy lama wznosi modły

czarne matowe ściany
podają sobie ręce

cisza jak święty obelisk
przed świątynią
cofa nas do prehistorii
której „odmieniły się obroty"

stąpamy wolno godnie
zewsząd rozlega się
huk grzechu

bo jednak
miasto w którego oku tkwi
ta kaplica
żyje intensywnie

pękają szwy wód
autostrady wbijają swe długie szpony
w połyskliwe ciało rzeki

czarne tablice
są lekkie
jak piórka pastora

ROTHKO CHAPEL

In the Rothko Chapel
a crucifix stands next to a menorah
and the long-haired lama calls out in prayer

black matte walls
shake hands

silence like a holy obelisk
in front of the sacred place
takes us back to prehistory
whose "rotations have reversed"

we walk slowly and with dignity
the roar of sin rings out
around the place

because after all
the city in whose eye
this chapel is stuck
lives intensely

the seams of water are bursting
the freeways dig their long claws
into the glittering body of the river

the black panels
are light
like a pastor's daughters

przeglądam się w nich
ufając że zobaczę więcej
niż gdzie indziej

nie oddają światła
obrócone do wewnątrz
płonie w nich zapach derenia

Bóg w kilku wcieleniach
czeka za kotarami

skrzypią wrota

odsuwam jedną kotarę
potem drugą i trzecią
jeszcze czwartą
jeszcze piątą

moja skóra zmienia kolor
zamglone oczy mędrca
wpatrują się uważnie

puls sufitu bije
szybko

wokół basenu
czarni i biali
trzymają się za ręce

ostry trójkąt obelisku
wzbija się w niebo

I look at myself in them
trusting that I will see more
than elsewhere

they don't reflect light
turned inward
the smell of dogwood burns in them

God in several incarnations
waits behind the curtains

the gates are creaking

I slide open one curtain
then second and third
then fourth
then fifth

my skin changes color
the misty eyes of the sage
stare keenly

the pulse of the ceiling beats
wildly

around the pool
blacks and whites
are holding hands

the sharp triangle of the obelisk
rises into the sky

ZŁOTY MOST

ulicami toczy się
eukaliptusowy owoc

pod złotym mostem
strzelby i armaty
żwir wypłukany przez ocean

zielony wiatr przynosi w zębach
ulotki parku

z daleka widać
tort Alcatrazu

pod palmami
rozgadani pijacy

nie widać horyzontu
ani odrapanej kamienicy

równa miękka płaszczyzna
w soczystych barwach pasji

porównuję je
z kolorami mojego dzieciństwa
szarym bębnem hasioka
czy suchą zielenią lotniska
z którego startowały chłopięce przysięgi

urodziłem się we wnętrzu paleniska

THE GOLDEN BRIDGE

a eucalyptus fruit
rolls down the streets

under the golden bridge
shotguns and cannons
gravel rinsed off by the ocean

green wind brings in its teeth
leaflets of the park

from a distance you can see
the Alcatraz cake

under the palm trees
chatty drunks

you can't see the horizon
nor the shabby tenement

a uniform soft flatness
in the juicy colors
of passion

I compare them
with the colors of my childhood
the trashcan's gray drum
or the airport's dry greenery
from which boyish oaths took off

I was born inside the hearth

tutaj
ciało rozbrzmiewa
zamienia się w muszlę
porywa lot

rytm serpentyn
rytm sekwoi
rytm świateł

mała porcelanowa figurka
w sklepie ze starociami

chińska dzielnica pudełko z klejnotami

tak tak
zawieszony nad kwadratami ulic
dojmującym wyciem syren
liczę miesiące i lata
wyrzucone jak zwitek papieru

z rękami w kieszeniach
lecę coraz wyżej

San Francisco, 1981

here
the body calls out
turns into a shell
I'm flying

the rhythm of the switchbacks
the rhythm of the redwoods
the rhythm of the lights

a small porcelain figurine
in the antique shop

Chinatown a box of jewels

yes yes
suspended over the blocks of the streets
the poignant wailing of the sirens
I count the months and years
tossed away like a piece of paper

with hands in my pockets
I'm flying higher and higher

San Francisco, 1981

TOŃ

tam
toń zielona i bliska
łódź wypływająca z zatoki
i niskie drzewo które niesforne dzieci
od dawna kaleczą

kosmyk twoich włosów
i farbka w dziecinnym pokoju
świat maleńki jak ziarnko grochu

tam
drogi prowadzą na wzgórza
a koty spoglądają na łopian
dużymi oczami

z tej strony
wszystko wydaje się skomplikowane
nie do rozwiązania

czas kurczy się
i nawet biedna biedronka
zaczajona na szybie
wiele ma do stracenia

słońce rozgadane za oknem
lipy nieruchome i słodkie

to tylko odwieczne obrazy
zapamiętane przez tradycję

DEPTH

there
green and near depth
a boat sailing from the bay
and low trees that the unruly children
have long been hurting

a strand of your hair
and a paint in the nursery
the world tiny like a pea seed

there
the roads lead into the hills
the cats with big eyes
glance at burdock

from this side
everything seems complicated
unresolvable

time shrinks
and even a poor ladybug
lying in wait on the glass
has much to lose

the sun babbling outside the window
the lime trees still and sweet

these are just eternal images
immortalized by tradition

tam kwitnie ciemność
splątane nici świecą
jak zimne ognie

tu w sterylnej ciszy
każde słowo nabiera wagi

toczy się dialog
dwóch przeszłości
które już dawno
spotkały się i połączyły

niewidzialne palce
obracają koło czasu
to zaledwie sekunda
wielkiej przedmowy

mieszczą się w niej
chwile kruche jak kwiaty
tysiące słów
ruch oczu i ust

nikt ich nie obezwładnił
nie ukrócił
nie powstrzymał

leciały goniły
odbywał się pościg
za przejrzystą formą
która raz oddala się
raz zbliża
jak warkot samolotu nad nami

there darkness flourishes
tangled threads shine
like sparklers

here in sterile silence
every word counts

a dialogue is underway
between the two pasts
that have long ago
met and merged

invisible fingers
turn the wheel of time
that's just a second
of a grand preface

it includes
moments fragile like flowers
thousands of words
eye and mouth movements

nobody has overpowered them
cut short
stopped

they were flying racing
the chase was on
after the transparent form
that sometimes drifts away
sometimes gets close
like the whirr of the plane above us

istniejemy w niej po stokroć
pilnując się nawzajem

ten porządek jest niewzruszony
niczego nie ukazuje
trwa

we exist in it a hundred times over
watching over each other

this order is unmoved
it reveals nothing
it continues

POWRÓT

powrót do życia
na ranny kontynent który śpi
w zaspach przeszukanego śniegu

(w pustym pociągu
który przejeżdża przez ukochany kraj
anonimowy konduktor lub hycel
manifestuje swoje niezadowolenie)

powrót do życia?
raczej przemyt do rany

obmacany poniżony
wracasz do innej rzeczywistości
bez potrzebnych dokumentów

brakuje taśm
nieprzejrzystej błony
która pokryłaby pamięć
puls nieustającej wojny

muskularny porządek
sypie się jak kłosy
a europejska rodzina narodów
macha kolorowymi chusteczkami

znowu zostaliśmy na drugi rok
w tej samej klasie
nauczyciel śmieje się pod wąsem

THE RETURN

return to life
on the wounded continent sleeping
in banks of frisked snow

(on an empty train
that crosses the beloved country
an animated conductor or dogcatcher
expresses his dissatisfaction)

a return to life?
rather, being smuggled back to a wound

groped humiliated
you return from another reality
without the necessary papers

paucity of adhesive tape
opaque membrane
unable to cover the memory
the pulse of unceasing war

muscled order
crumbles like spikes of grain
while the European family of nations
waves their colorful handkerchiefs

again we did not move up
staying in the same class
teacher smirks under his mustache

szkolne nawyki odpowiadania
na każde pytanie
zamieniły się w kurczowy
ruch ręki

kiedy profesjonaliści
z podziwu godną pedanterią
obchodzą święto ciosów

ziemia rozkołysana na falach
wielkich słów
zdąża do portu przeznaczenia

a ty
wciśnięty w skafander niewiedzy
stoisz przed własnym domem
z błyszczącymi oczami

Wigilia 1981, gdzieś w Polsce

habits acquired in school of answering
each question
became a spasmodic
hand motion

when the professionals
with admirable pedantry
celebrate the anniversary of blows

the earth rocking on the waves
of grand words
heads to the port of call

and you
squeezed into a suit of ignorance
are standing in front of your own house
teary-eyed

Christmas Eve 1981, somewhere in Poland

KAMYK

pamiętasz
kiedy byliśmy młodzi
burza wilgotnym językiem
lizała nasze wargi

w rozchichotanej sukience
biegłaś boso
po piasku

drogi otwierały się
przed nami
jak pękate orzechy

dwa kroki dzieliły nas
od raju
kopnąłem kamyk

leciał szerokim łukiem
długo
i wysoko

znikł nam z oczu
słyszeliśmy tylko
płacz dziecka

a może to był
trel trzciny

teraz po latach
spadł nam pod nogi
wielki jak głaz
pokryty mchem

już nie możemy go podnieść
ani odczytać

A PEBBLE

remember
when we were young
the storm with its moist tongue
would lick our lips

wearing a giggling dress
you ran barefoot
on the sand

all paths were opening up
before us
like ripening nuts

two steps separated us
from paradise
I kicked a pebble

it flew in a wide curve
long
and high

we lost sight of it
hearing only
a child's cry

perhaps it was
a reed trilling

now years later
it falls at our feet
large as a boulder
covered with moss

we're no longer able to pick it up
or read its message

GŁOWA W LUSTRZE

Patrzy na mnie
podbitymi oczami
nieruchoma jak ołowiana kula

w jej ciężkim bukłaku
pieni się pamięć
która szuka korzeni

bruzda na czole
otwiera się jak rana
przez którą wychodzą
dzikie pędy

oświetlona z boku
zawisa w próżni

nie porusza wargami
jest groźna
w swoim znieruchomieniu

czemu nic nie mówi
oparta o ścianę

na jej kamiennym obliczu
odbijają się wspomnienia

oderwaną od ciała
śpi jak krzak bzu w nocy

patrzy na mnie z góry
uzbrojona w cierpliwość
po zęby

HEAD IN A MIRROR

Looks at me
with blackened eyes
motionless as a lead ball

in its leather pouch
a memory foams
seeking roots

furrow on its forehead
opens up like a wound
from which wild sprouts
come out

side-lit
it hovers in the void

doesn't move its lips
it's menacing
in its transfixion

why is it speechless
leaning against the wall

in its stony countenance
memories are reflected

torn from the body
it sleeps like a lilac bush at night

it looks down on me
armed to its teeth
with patience

Z PRZESZŁOŚCI

Katowice Zawodzie, Huta Ferrum,
ciąg kamienic z cegły.
Mijam tę stację tyle razy
i nie mogę sobie tu wyobrazić
mojej mamy z lizakiem w ręku.

FROM THE PAST

Katowice Zawodzie, Ferrum Steelworks,
rows of brick tenement houses.
I've passed this station so many times
and still can't imagine my mom
here with a lollipop in her hand.

BAR MICWA

Monotonnie, bezgłośnie, raz na zawsze,
od stuleci, przez ojca i dokładnie
darowujesz swe ciało jeszcze nie całkiem przydatne
pyłom, dymowi, może wiórom obłoków,
a potem niepostrzeżenie, dla wielu umyślnie,
z dnia na dzień rozstajesz się z burzą rozpaczy,
zamkniętymi oczami i plotkami ognia,
aby już czysty, pozbawiony pamięci, niegodny
czcić braci, wrócić do nadnaturalnej zieleni lip,
śliskich kocich łbów, dzikich róż na cmentarzu,
z wiarą w ostatni nów księżyca, ostatni,
lecz niepośledni poczęstunek nadziei,
na skinienie czegoś dalekiego, ale zarazem
nasyconego chłodem rodzinnej piwnicy
i z niepohamowaną zawiścią, że to inni
dumnie wyprostowani śledzą lot śmiertelnych strzał,
a nie ty, zapatrzony w schludny ryneczek
pierwszej miłości, wzniosłej ofiary i marzenia,
które nigdy nie przyoblekło się w kształty
oczywiste i konieczne, jedyne i bezwzględne.

BAR MITZVAH

Monotonously, without a sound, once and for all,
for centuries, through father
you scrupulously offer your not quite suitable body
to dust, to smoke, perhaps to cloud shavings,
and then imperceptibly,
for many intentionally,
abruptly you pull back from the storm of despair,
from closed eyes and from fire's gossip
—already cleansed, devoid of memory, discordant—
to worship your brothers, return to the lindens' supernatural green,
slippery cobblestones, wild roses at the cemetery,
with faith in the latest rebirth of the moon, the last,
though not unworthy, tasting of hope,
to wait for the nod from something far away, yet
saturated with the familiar basement's coolness
and with careering envy, that others
proudly at attention get to follow the flight of deadly arrows,
and not you, fixated on the tidy market square
of first love, lofty sacrifice, and a dream
which has never arrayed itself into shapes
obvious and necessary, unique and unconditional.

BAT

Syjoniści do Syjonu!
(partyjne hasło w czasie Marca 1968)

Ci, co opuszczali nas na zawsze, nie widzieli
więcej niż my ze spuszczonymi głowami.
Być może świszczący za plecami bat wydawał się
echem cmentarnego zawodzenia, ale nikt nie chciał być
mądrzejszy od czasu, którego brakowało wszystkim.
Kiedy oni, już w połowie nasiąknięci nostalgią,
witali pustynne wiatry lub rześkim oddawali się kąpielom
w cywilizowanych ogrodach, witani wstrzemięźliwie,
choć ze zdziwieniem, które trudno było nasycić
gorzkimi opowieściami o ślepej pogoni, ja brałem
lekcje zacierania śladów, nie umiejąc niczego nazwać od razu,
popychany przez podmuch tamtych oklasków coraz silniej
w nieznane. Ocierając się o szpicli, okutanych w donośne gazety,
zagłuszony rykiem wyprasowanych intelektualistów,
stawałem w oknie jeszcze nie dorosły i nie z poczuciem wstydu,
lecz w oczekiwaniu na inne rozwiązanie.
Już później, gdy głosy tamtych z oddali pełne niewysłowionego żalu
i ciągle ponawianych pytań przypominały mi
szum pracowitego mrowiska, nie domykałem okna
poprawiając przewróconą doniczkę na parapecie.
Spoglądałem na porzucony szalik i kosmyk czarnych włosów
jak na przedmioty nie z tego świata, a może z tego właśnie,
ale obróconego w perzynę mocą jednego—
czy ja wiem—kazania? apelu? może przejęzyczenia?
Chciałem odwrócić się na pięcie nie zauważony,
wrzucony do jednego worka ze wszystkimi możliwymi tłumaczeniami,
ale czułem na sobie wzrok tych, których opuściłem.
Unoszący się za mną bat był wprawdzie nierealny

THE WHIP

Zionists to Zion!
(the Party's slogan from March 1968)

Those who were leaving us forever
saw no more than we did with our heads lowered.
Perhaps the whip whistling by our ears seemed like
an echo of a wailing cemetery, but nobody wanted to be
wiser than time, which all were short of.
Already halfway saturated with nostalgia,
they welcomed the desert winds or bathed in the fresh water
of civilized gardens; they were cautiously embraced,
though with an astonishment hard to appease
with bitter tales about blinding pursuit, while I was taking
lessons in how to wipe out traces,
unable to identify anything right away, pushed
by gusts of ever stronger applause
into the unknown. Rubbing up against informers
wrapped in their noisy newspapers,
and defeaned by the roar of starched intellectuals, there I was
not yet an adult and without a sense of shame standing at the window
awaiting another solution.
The voices of those from afar
full of unexpressed regret and recurring questions
reminded me of a buzzing anthill: I picked up
a flower pot tipped over on the windowsill
but I did not shut the window.
I glanced at a discarded scarf and a wisp of black hair
as if at objects not from this world, or perhaps indeed from this,
yet reduced to rubble with the force of one—
well, I don't know—sermon? plea? or slip of the tongue?
I wanted to turn on my heel unnoticed,

jak odwieczne marzenie o miejscu niezastąpionym,
ale jego złośliwy uśmieszek wbijał mnie w ziemię
coraz mocniej i słyszałem tylko niewyraźne,
aczkolwiek dobrze mi znane zaklęcie:
tak, tak—nie, nie! tak, tak, nie, nie!

stuffed into a bag with all possible explanations,
but felt upon myself the gaze of those whom I have abandoned.
Hovering behind me, the whip was admittedly unreal
like eternal dreaming about the indispensable place,
but its malicious smirk hammered me more and more
into the ground and I heard only the faint
though familiar spell:
yes, yes—no, no! yes, yes, no, no!

PIĘKNO

Czy piękno mieszkające w trawach, polnej drodze,
łanie dojrzałego zboża więcej ma siły od piękna
ukrytego w pękniętym kiju, nad którym pochyla się
jasnowłosy chłopak, lub w sterczącej z dachu słomie?
Rozleniwiony słońcem górski potok, wchodzący do wysokich
gumiaków, miałby przewagę nad fałdą zrudziałej spódnicy,
która mignęła przez chwilę wśród parkowych ławek?
A może to nie piękno zniewala nasze spojrzenia,
którymi przyciągamy śliskie kamienie i szybkie rowery,
i sklepienia mostów, i delikatne w dotyku obojczyki dzieci?
Może to nie piękno otwiera chęci, porozumienie i wolę
przekraczania granic, tylko sekret istnienia,
samo istnienie właściwie; to, że tykanie zegara
obok wyniosłości najpospolitszej porzeczki, dym z czajnika
i podrzucona wysoko kostka wywołują w nas lęk
o drugorzędność? Mógłbym odpowiedzieć, nie mając jednak
pewności, czy nie błądzę, że każdy włosek, każdy podmuch
wszechświata to połączenie kosztów i strat,
zgody na pojedyncze, nie wybrane życie. Piękno rodzi się
i umiera w jednakowej harmonii, w tym samym nieskończonym
hałasie pór i dni, poddane ciśnieniu mroku,
ślepoty i wyrwanego języka, w ciągłej ucieczce
przed naśladownictwem ze strony kół, kwadratów
i piskliwych linii, opasujących swymi promieniami
cały nasz glob wrzucony w gorzką pianę kosmosu.

BEAUTY

Is the beauty that inhabits grasses, a country path,
or a field of ripe grain more potent than
the beauty hidden inside a cracked stick that a blond boy
is leaning over, or in the straw protruding from the roof?
Would a mountain stream grown sluggish from the sun, spilling
into tall galoshes, have advantage over a faded skirt's pleat
that flashed momentarily amidst benches in a park?
Perhaps it's not beauty that captivates our stares
with which we draw in slippery stones and fast bicycles,
the arches of bridges, and children's collarbones so delicate to the touch?
Perhaps it's not beauty that prompts desires, consensus, and
the will to overstep boundaries, but rather the secret of existence,
actually existence itself; that a clock's ticking
next to a most ordinary aloof currant, kettle vapor,
a die tossed high in the air stir up in us the fear
of being second-rate? I could answer, though without being certain
that I am not wandering, that each tiny hair, each gust
of the universe is the combination of expenses and losses,
acceptance of a singular, unchosen life. Beauty is born
and dies in an identical harmony, in the same unfinished
din of seasons and days, subjected to the pressure of the dark,
of blindness, and of a tongue torn out, in constant escape
from the travesty of circles, squares,
and shrill lines that circumscribe with their radii
our entire globe thrown into the bitter foam of the cosmos.

WIERNOŚĆ?

Komunizm walczył z faszyzmem,
a między dwie moce dostali się
Polacy ze swoją etyką, nie opartą
na niczym prócz wierności.

—Czesław Miłosz, *Zniewolony umysł*

Wierni miedzom, uciekającym spod stop
gdzieś za leśne chusty łąk.
Wierni honorowi, który lśnił jak kropla
potu na zmarszczonym czole.
A także wierni ostatnim słowom, nadziei
bezkształtnej jak cud i zniewalającej konspiracji.
Wysadzeni w powietrze, bici do utraty przytomności,
spaleni na popiół kradli dla potomnych
wizerunek najświętszy.
Nie mając nic więcej poza uporem wyłączności,
która uzurpowała sobie prawo do dzielenia
(na marzących i wątpiących, idących w bój
i wracających do domu),
rozpalali wierność do białości.
Czy potem było jeszcze miejsce dla sączenia
letniej herbaty w gwarnej kawiarni
lub sztubackich odzywek na gruzach miasta?
Wierni do upadłego, ale zbyt ufni
w złożoną daninę, wierni na przekór, ale jeszcze
zbyt niedoświadczeni, aby podnieść się z upadku,
obróceni w stronę niejasną, lecz dla nich jedyną,
nie walczą o prostotę obyczajów, o godny pochówek zaledwie.
Zaledwie? Nie zawsze, co wypatrzone, jest własne,
a odrzucone, wyklęte.

LOYALTY?

*Communism was fighting Fascism; and the Poles, with their
ethical code based on nothing but loyalty, had managed to
thrust themselves between these two forces.*

—Czesław Miłosz, *The Captive Mind* (trans. Jan Zielonko)

Loyal to the provinces escaping from under their feet
somewhere beyond the forests' meadows.
Loyal to an honor, which glistened like a drop
of sweat on a furrowed brow.
And loyal as well to last words, to a hope
vague like a miracle, and to a conspiracy that held them captive.
Blown up, beaten unconscious,
burnt to ashes for stealing for posterity
the most sacred image.
Not having anything beyond the stubbornness
of exclusion, which usurped for itself the right to divide
(into dreamers and doubters, those heading for battle
and those on their way home),
they fanned their loyalty white-hot.
Was there any time later for sipping
lukewarm tea in a noisy café
or immature mouthing atop the city's ruins?
Loyal to the last breath, too trusting in the tribute delivered,
loyal for loyalty's sake, yet still
too inexperienced to rise up after defeat,
facing the darker side, but for them the one and only,
they're not fighting for the simplicity of customs
but merely for a dignified burial.
Merely? Not always what's noticed is one's own,
nor what's rejected, cursed.

JĘZYK-TARCZA

Boże, jak trudno wypowiedzieć
to, co leży na sercu. Jak
trudno zamienić słowo „szczerość"
na zdanie: „jestem bezsilny,
nie wiem, co robić, tracę
orientację." Maski,
pozory, kłamstwa.

SHIELD-LANGUAGE

God, how difficult it is to speak
from the heart. How
difficult to exchange the word "honesty"
for the sentence: "I'm powerless,
don't know what to do, I'm losing
my grip." Masks,
appearances, lies.

DZIEWCZYNKA Z DOMU DZIECKA

Pochyla głowę
nie dowierza
nigdy nie śniła że jest aktorką lub malarką
nikt nie przeskoczy siebie
mówi wolno
śniło mi się kiedyś
wsiadłam do łodzi rybackiej
była przycumowana nad naszą rzeką
wiosłowałam pod prąd
znosiło mnie więc z powrotem
na brzegu stały inne dzieci z naszego domu
i wszyscy krzyczeli
nie dasz rady nie odpłyniesz

A GIRL FROM AN ORPHANAGE

She lowers her head
can't believe it
she never dreamed of being an actress or a painter
no one can outdo oneself
she speaks slowly
I dreamed once
I got into a fishing boat
it was moored in our river
I rowed against the current
it was carrying me back
other children from our home stood at the bank
and all of them shouted
you won't make it you won't sail away

TRAKTAT POETYCKI

Wiele dałbym za to, żeby
ten wiersz był pudełkiem
zapałek, odkrytą lampką
na biurku, kwitkiem z pralni.
To marzenie czyni mnie
poetą.

TREATISE ON POETRY

I would give a lot for
this poem to be a box
of matches, an unshaded lamp
on the desk, a laundry receipt.
This dream makes me
a poet.

OŁÓWEK

leży przed domem
wśród śmieci

niczego nie napisze
nie podkreśli i nie przekreśli

leży nieważny
i zapomniany

a tak chciałby jeszcze
coś powiedzieć
od siebie

dawniej hasał po papierze
litery stawiał jak babki z piasku
lśniły mu oczy

był niezastąpiony

co może teraz
najwyżej zapamiętać
to co widzi dookoła

srebrny papierek
dziobany przez wróbla
skórkę pomarańczy
w płytkiej kałuży

chciałoby się go podnieść
ale trzyma się mocno ziemi

A PENCIL

lies in front of the house
amidst trash

won't write anything else
underline or cross out

lies unimportant
and forgotten

it would like
to say something
on its own again

it used to caper across paper
form letters like sand castles
its eyes glittered

it was irreplaceable

what can it do now—
at most memorize
what it sees around it

a silver piece of paper
pecked by a sparrow
an orange peel
in a shallow puddle

one would like to pick it up
but it clings fast to the ground

SZKIEŁKO

ma krew na sobie

ledwie widoczną kropelkę
krwi

podniesione z podłogi
zaciska zęby

należało do szklanki
ach to były czasy

kiedy herbata mościła się
w niej wygodnie
czuło jak pałają mu policzki
z emocji

świat wydawał się
taki czysty i szlachetny

teraz pozbawione całości
ze śladem ludzkiego bólu
wpada w przepaść kubła
i rozsypuje się w nicość

A PIECE OF GLASS

has blood on it

a scarcely visible droplet
of blood

the piece lifted from the floor
clenches its teeth

it belonged to a glass
oh those were the days

when tea nestled
in it comfortably
it felt its cheeks glow
with emotion

the world seemed
so pure and noble

deprived now of wholeness
with a trace of human pain
it falls into the trash can's abyss
and shatters into nothingness

BUCIK

Bucik dziecka
jest taki malutki słodziutki

wygląda jak łódka
wypływająca na czyste spokojne jezioro

kiedy stoi przy drzwiach
odstrasza nieproszonych gości

kiedy leży na brzuchu
tuż przy tapczanie
pokazuje na podeszwie
ślady wędrówek po trawie

bucik dziecka raczej milczy

zwykle jest potwornie zmęczony
i chce mu się ziewać
szeeeeeroko

A BABY SHOE

A baby shoe
is so teeny and sweety

it looks like a boat
sailing out onto a pure calm lake

when it stands by the door
it scares off uninvited guests

when it lies on its stomach
just off the couch
it shows off on its sole
traces of its wandering on the grass

a baby shoe is rather silent

usually it is terribly tired
and feels like
yaaaaaaawning

GUZIK

no cóż
nie da się o nim powiedzieć
nic ciekawego

został pozbawiony nici
która wiązała go
z rzeczywistością

dawniej trzymał się mocno
chodził dumnie wyprostowany
i zapięty

a teraz
aż żal patrzeć

odtrącony
wciśnięty w kąt
próbuje wygwizdać jakąś melodię

ale przez jego dziurki
wydobywa się cichy szelest
przypominający modlitwę
pętelki

A BUTTON

well
it's impossible to say anything
interesting about it

it's been deprived
of the thread that tied it
to reality

it used to hang on tightly
parade proudly upright
and fastened

and now
it's painful to see

rejected
shoved into a corner
trying to whistle some melody

but through its holes
a faint rustle emerges
evoking a prayer
of the noose

***

Jerzemu Kronholdowi

Jestem połową twego serca, które
bije od czasu do czasu, zwykle wczesnym
rankiem. Jestem połową gwiazdy
Dawida, która świeci nad moim czołem.
Jestem połową różowego koloru,
którego nie lubią poeci. Składam się
z dwóch nierównych części: śmiechu, gdy
otwieram powieki, i smutku, gdy
je przymykam. Zwykle wiem, jak
zapomnieć o jednej z nich, ale wtedy
jestem tym autolirycznym żelazkiem,
którym prostujesz nienawiść.

***

for Jerzy Kronhold

I'm half of your heart
that beats from time to time, usually early
in the morning. I'm half of the Star
of David that shines over my forehead.
I'm half of the pink color
that poets don't like. I'm made up
of two unequal parts: of laughter, when
I open my eyelids, and of sadness, when
I close them. I usually know how
to forget about one of them, and then
I'm that auto-lyrical iron
with which you straighten out hatred.

JAK ZOBACZYSZ TŁUM,
WRACAJ SZYBKO DO DOMU

Jak zobaczysz tłum, wracaj szybko do domu,
wniesie cię do płonącego państwa,
wstrzyma oddech, odda pod klucz
bezbronności, otworzy sklepy serc. W domu
czeka na ciebie antykomunizm, spiżarka
pełna zimowych zapasów. Ani na lewo,
ani na prawo, ostrzega cię dziadek, który
przeżył dwie wojny i wie, co mówi. Właściwie,
jeśli giną ludzie w jakimś obcym mieście,
które odwiedzamy podczas wakacji, możemy
spokojnie zasiąść do demokratycznego obiadu
i czekać, co będzie. Ewentualnie ogłosić głodówkę.

WHEN YOU SEE A CROWD, QUICKLY RETURN HOME

When you see a crowd, quickly return home,
the crowd will carry you into a burning country,
the crowd will stop your breathing, hand you over
to defenselessness, open up the shops of hearts. At home
anti-Communism awaits you, a pantry
full of winter supplies. Neither to the left
nor to the right, you're warned by your grandfather who
survived two wars and knows what he's saying. Actually,
if people are dying in some foreign city,
which we visit during the holidays, we can
sit down quietly to a democratic dinner
and wait to see what happens. Or announce a hunger strike.

TEGO SIĘ NIE DA OPOWIEDZIEĆ

Ojcu, byłemu więźniowi Dachau

Nie stań się geniuszem (jestem chory,
to wszystko), ktoś inny to za ciebie
skończy, nie stań się geniuszem i podczas
przerw nie ustawiaj kościołów
na szachownicy, w nich drzemie wilk i mówi
ojciec: wszyscy jesteśmy więźniami, których
oswobadzają Rosjanie i Amerykanie, a
najdłuższa nawet linia życia nie zapewni
wieczności, którą przypina ci do piersi
twój ukochany poeta, syn robotnika
kolejowego, dziennikarz i agitator,
humanitarny rewolucjonista Alfred Danielsson,
nie stań się geniuszem, bo nie stworzysz
poezji, która „musi czekać na fakty".

THERE'S NO WAY TO TALK ABOUT IT

for my father, a former prisoner of Dachau

Don't become a genius (I'm ill,
that's all), someone else will finish it
for you, don't become a genius and during
recess set up churches
on the chessboard, a wolf hides inside them, says
my father: we are all prisoners
liberated by Russians and Americans and
even the longest life line won't guarantee
the eternity pinned to your chest
by your beloved poet, the son of a railroad
worker, journalist and agitator,
the humanitarian revolutionary Alfred Danielsson,
don't become a genius because you won't create
poetry that "has to wait for facts."

TKACZKA

Jest i będzie tkaczką
inaczej nie umie i nie chce
tylko te nogi
kości stóp zdeformowały się
wygięły w łuk jak ostrogi i bolą
zawsze na akord
na trzy zmiany przy krosnach
od piętnastego roku życia
do dziś
na stole torcik owocowy
własnej roboty jeszcze z imienin
czasu jest sporo bo na zwolnieniu
coś z kręgosłupem niestety

THE WEAVER

She is and will be a weaver
she can't do otherwise and doesn't want to
only those legs
deformed foot bones
bowed like spurs and hurt
always by piecework
three shifts at the looms
since the age of fifteen
till today
a fruit cake on the table
homemade leftover from the name day celebrations
she's got time she's on leave
something with her spine alas

WOLNY TEMAT

Przez naszą wieś przepływa rzeka
znajduje się tu przystanek autobusowy
nieraz do świetlicy przyjeżdża kino
jest także bar „Mazurski"
w pegeerze znajduje się jeden sklep spożywczy i kawiarnia
znajduje się tam także gorzelnia
w której wyrabia się spirytus
po mleko chodzi się do obory
są też konie wyścigowe
i samolot który sieje nawozy
przy kościele mieszka szewc
wszystkiego jest pięćset rodzin
ludzie są sympatyczni
a niektórzy niekulturalni

A FREEWRITE

A river flows through our village
there is a bus stop
the community center hosts a traveling movie theater sometimes
there is also the *Masurian Bar*
in the state collective farm there is a grocery store and a cafe
there is also a distillery
where spirit is made
one gets milk from the cow shed
there are also racing horses
and a plane for crop-dusting
a shoemaker lives by the church
all together five hundred families
people are nice
but some are uncultured

WSZYSTKO ZALEŻY OD CZŁOWIEKA

Ludzie się podciągnęli
mówi ślusarz
kiedyś jak czegoś nie było coś nawaliło
to narzekali na państwo na rząd
a teraz widzą że to wszystko zależy od człowieka
bo to że stoi blok z krzywymi ścianami
albo rozpadają się meble
to przecież nie wina państwa
tylko człowieka który to wykonał

ALL DEPENDS ON THE MAN

People have stepped up
says the locksmith
in the past when they lacked something or something broke down
they complained about the state the government
and now they see it all depends on the man
because the fact that an apartment block has crooked walls
or that furniture falls apart
is not the state's fault
but the man's who made it

NARÓD

Otoczony wróżbami i podziwem świata,
pojednany niezgodą i przychylny wezwaniom
toczy swój bój o wyłączność.
Zawsze
pierwszy.
Wśród oklasków i okolicznościowych wiązanek,
tajemniczych obietnic, ale również kuksańców
wznosi pomnik rozpaczy, burząc inny bezwzględnie.
Choć stoi w miejscu,
czuje się jak na morskiej fali,
niesiony wiatrem historii.
Niszczony, sam niszczy nie wiedząc, kto
wystawi rachunek i za co.
Oszukany, zamyka się w gwarze modłów,
by za chwilę uciec dalej niż przedtem.
Nie w pracy sprawdzając swe zdolności
liczy na przywileje, by móc wzorowo i w pełni.
Uciska, lecz dialektycznie,
bo prawa są dane, a rządy karcą.
Wolny w granicach,
wierny zasadom
tańczy nieprzytomnie na gruzach epoki.

THE NATION

Suffused by omens and admiration for the world,
united by lack of compromise, willing to be called upon
it continues its fight for uniqueness.
Always
first.
Amidst applause and anniversary bouquets,
mysterious promises, but also elbows to the ribs
it erects a shrine to misery while tearing another down.
Though motionless,
it feels like it's standing on a wave,
carried by history's wind.
Destroyed, it itself destroys, ignorant of who
will present the bill and for what.
Cheated, it locks itself in the din of prayers
then flees farther still.
Not testing its talents at work
it counts on favorites
to do so ideally and satisfyingly.
It oppresses, though dialectically,
for laws are given, and governments punish.
Free within the borders,
true to the rules
it dances unconsciously on the rubble of an epoch.

MURY

Runą mury,
a gdy odsłoni się strach
i białe opaski na rękawach dotkną naszych żył,
podziemna rzeka dziejów
zatamuje ducha czasów i roztropność.
Powstaną z grobów czciciele dumy,
armia ziemi i zasianych pól
stukać będzie kolbami
o rozgwieżdżone niebo.
Nastanie wiek
niewidzialnych granic,
o które toczyć będą boje
nauczyciele z uczniami,
kwiaty rozpełzną się po łąkach bezszelestnie
i brzozowy krzyż gdzieś na skraju lasu
zatęskni do neonów oceanu.
Runą mury,
a my wraz z nimi.

THE WALLS

Walls will crumble,
and when fear is exposed
and the white armbands on our sleeves touch our veins,
the underground river of history
will dam up the spirit of the times and prudence.
The worshippers of pride will rise from their graves,
the army of the earth and sowed fields
will knock with their rifle butts
on the starry sky.
The era will come
of invisible borders,
over which wars will be fought
between teachers and pupils,
flowers will cover the meadows,
and a birch cross somewhere at the edge of a forest
will long for the ocean's neons.
Walls will crumble,
and we with them.

NA ULICY DWÓCH MĘŻCZYZN
INDAGUJE TRZECIEGO

Och nie towarzyszu
wy tędy nie przejdziecie
wasz krok
nam się nie podoba

widzicie
z tej strony wywieszono flagi
moglibyście popsuć nastrój

dla was
jest tam przejście
proszę się zastosować

pytania my zadajemy
a zresztą

księżyc i słońce
podały sobie dziś ręce
spójrzcie w górę
czyż nie piękny widok

TWO MEN QUESTION
A THIRD MAN IN THE STREET

Oh no comrade
you will not pass this way
your step
doesn't sit well with us

you see
the flags have been displayed on this side
you could spoil the mood

you
get to pass over there
please do as you're told

we're the ones asking questions
but whatever

the moon and the sun
shook hands today
look up
isn't it a beautiful sight

WYWIAD

Żyje się nieźle
spokój pieniądze
ciekawa praca wycieczki

można się nie zgadzać
z niektórymi posunięciami
bo ograniczają
to czy tamto

ale jak tak popatrzeć
całościowo
czy czegoś brakuje

może za mało jedzenia
a za dużo bałaganu
ale każdy sobie radzi
a jak się spręży
to i lepiej popracuje

żyje się więc nieźle
choć wszyscy narzekają

być może żyje się zbyt wolno
chciałoby się szybciej
intensywniej

poza tym jedni mają prawie wszystko
drudzy ledwo ciągną
to rodzi frustracje

AN INTERVIEW

Life's not bad
peace money
an interesting job excursions

one can disagree
with some of the decisions
because they limit
this or that

but however you look at it
overall
is something lacking

perhaps not enough food
and too much mess
but everyone manages somehow
and when he pulls his socks up
he'll even do better at work

so life's not bad
although everyone complains

maybe one lives too slowly
one wishes it would've been faster
lived more intensely

besides some have almost everything
while others are scraping by
this gives rise to frustration

mimo że wszyscy wiedzą o co chodzi
ci na górze mówią jak do dzieci
to jest śmieszne

trochę przypomina to
obóz harcerski

więcej śmiałości
panowie

although everyone knows what's going on
the ones at the top speak as if to children
this is ridiculous

and a little reminiscent of
a boy scout camp

go for it
gentlemen

OSA ZA SZYBĄ

Chciałaby wedrzeć się
obtańcować pokój

mruczy głośno
jest pełna
serdeczności

odbija się od szyby
uderza skrzydłami

słońce świeci
na jej żądle

stuka
jakby dawała znaki

otwieram okno
zaciekawiony
zły

po chwili
czuję ból na policzku

A WASP BEHIND THE WINDOW

It would like to storm inside
dance around the room

it murmurs loudly
it is full
of kindness

it bounces off the glass
strikes it with its wings

the sun shines
on its sting

it knocks
as if giving signals

I open the window
curious
angry

after a moment
I feel pain on my cheek

ŚMIERĆ-ŻYDÓWKA

Jedli ogień
połykali własny świat
który jeszcze nie zdążył się splamić

z dachu widać było przechodniów
po aryjskiej stronie

niektórzy patrzyli w górę
i pokazywali coś palcami

śmierć jak bochenek chleba
ratowała przed głosem
wszechświata

ale to była śmierć-Żydówka
gwałcona przez własowców

bunkier w którym umierali
był niewielka pastylką cyjanku
którą przełknęliśmy

nie ma już muru
ani Umschlagplatzu
rozkołysanej krwi
i oczu które zobaczyły

tylko
co roku wyskakuję z okna
palącego się domu
i nie wiem
co krzyczą
i dlaczego

DEATH IS A JEWESS

They ate fire
swallowed their own world
which hadn't become tainted

from the roof passersby could be seen
on the Aryan side

some looked up
and pointed their fingers at something

death like a loaf of bread
shielded one from the voice
of the universe

but it was a death-Jewess
being raped by Vlasovtsy

the bunker where they were dying
was a small cyanide tablet
we have swallowed

there is no wall anymore
nor the Umschlagplatz
swollen blood
and the eyes that had seen

except
every year I jump out of the window
of a burning house
and don't know
what they're shouting
and why

RODZI SIĘ CZŁOWIEK NOWY

Rodzi się człowiek nowy
uzurpator
fałszywy car

już podnosi głowę
już karmi obietnicami

na razie uśmiecha się
współczuje
głosi inny porządek

ludziom podoba się jego głos
biją pokłony
wstrzymują oddechy

człowiek nowy
uzurpator
jeździ po kraju
błogosławi

ludzie wychodzą ze swoich legowisk
kładą się na ulicach
witają pana
baranka telewizji
krzyż stawiają
pozdrowienia ślą
dzwonią ich serca

kiedy minie ciekawość
ukrzyżują
fałszywego cara
aby powrócić do swoich
różańców

A NEW MAN IS BORN

A new man is born
a usurper
a fake tsar

now he's raising his head
now he's feeding people promises

for the moment he smiles
empathizes
proclaims a new order

people like his voice
they bow before him
hold their breath

the new man
the usurper
tours the country
blesses

people come out of their lairs
lie down in the streets
welcome the man
the lamb of television
they plant a cross
send greetings
their hearts are tolling

once their curiosity wears off
they will crucify
the fake tsar
and return to their own
rosaries

KRATY, ŚNIEG

komenda w Łodzi, 16 XII 1981

młody piekarz
złapany z ulotkami
siedzi na podłodze
zły i smutny

czarna kawa
jak oko krowy
patrzy na niego
ufnie z miłością

PRISON BARS, SNOWFLAKES

Police headquarters in Łodź, 16 XII 1981

a young baker
caught with leaflets
sits on the floor
angry and sad

the black coffee
like the eye of a cow
glares at him
faithfully with love

CIEŃ

Jeszcze raz patrzę na olchy:
w ich cieniu złamany cień mamy.
I łzy potężne jak grochy
spadają, gdy my spadamy.

Spadamy, spadamy niewinnie
bez głosu, w okrutnym szyku.
Ty stoisz, mamo, znów przy mnie
trzymając cienie w koszyku.

A SHADOW

Once more I look at the alders:
in their shadow my mom's broken shadow.
And tears large as peas
fall when we fall.

We fall, we fall innocently
without a sound, in ruthless order.
Mom, you're again standing next to me
storing shadows in a basket.

CUD

Za oknami wiatr, miasto, tysiącletnia
rzeka. Za oknami wspomnienia, łzy, głód istnienia.
Czemu wypatrujesz w niebie
kochanych oczu, świetlnej struny?
W każdym domu na wzgórzu brzmi muzyka
ciepła, dobrych słów i pieszczot. Nie odchodzą
drogi, ramiona, dachy. Kiedy podnosisz wzrok,
wszystko zdaje się być cudem narodzin,
nawet twoje zatopienie w lekturze,
nawet poduszka, na której skłoniłaś głowę.
Tak, cud poduszki z czterema rogami
zwróconymi ku przyszłości. Nagiej i wolnej.

MIRACLE

Behind the windows
there is wind, a city, a thousand year-old
river. Behind the windows
there are memories, tears, hunger for existence.
Why do you seek out dear eyes
a string of light in the sky?
In every hilltop house, a music
of warmth, of kind words and caressing. Roads,
shoulders, roofs don't depart. When you look up
    everything
seems to be the miracle of birth,
even your immersion in reading,
even the pillow on which you lowered your head.
Yes, the miracle of the pillow with four corners
facing the future that's bare and free.

WODOSPAD

Bije żywa woda,
z góry, z nieba, z niczyjej woli
uderza, huczy,
wciąga nasze zdziwienie. Lód patrzy
białymi soplami spokojnie, beznamiętnie.
W dole kłębi się nasza niepewność.
Na niewysokiej skale
mała wiewiórka robi nam zdjęcia.
Nam, turystom strachu, filozofom głębi.

WATERFALL

Rushing water beats down
from above, from the sky, of no one's will
it strikes, roars,
absorbs our surprise. Ice watches
with its white icicles calmly, impassively.
Down below our uncertainty swirls.
From a small rock
a little squirrel photographs us.
Us, the tourists of fear, the philosophers of depths.

WIATR I KLON

Na gałęzi pobliskiego klonu
papierowa torba wypełniona wiatrem
walczy o przeżycie.
Jej brzuch wydyma się, bije
rączkami o zeszłoroczne liście.
Nietrudno wpaść w zdumienie!
Małe drobne ciałko,
zawieszone bezradnie pod niebem,
próbuje ze wszystkich sił
oderwać się od korzeni.

THE WIND AND THE MAPLE TREE

On a branch of a nearby maple tree
a paper bag filled with wind
fights for its life.
Its belly swells, it bangs
with small hands against last year's leaves.
It's hard not to be astonished!
A small fragile body
suspended helplessly under the sky
tries with all its might
to break away from its roots.

WYCIĄGNIĘTA RĘKA

Biegnie wesoły chłopczyk
z porażeniem mózgowym

chce dogonić
swoich kolegów z klasy

przekrzywiona czapka
śmieje się do rzeki

ale koledzy pędzą
przed siebie
nie zważając na nic

kuśtyka
i wyciąga ręce
jakby chciał zatrzymać przyszłość

gdy podbiega do niego mama
kryje buzię w jej płaszczu

AN OUTSTRETCHED HAND

There runs a cheerful boy
with cerebral palsy

he wants to catch up
to his classmates

his cap pulled askew
laughs at the river

but his pals are racing
ahead
not paying attention to anything

he hobbles
and stretches out his hands
as if wanting to stop the future

when his mother runs up to him
he hides his face in her coat

ZASNĘŁAŚ

Zasnęłaś
jak nasionko dmuchawca
na łące nad źródłem

w górze
jasne jaskinie uśmiechają się
dziko

coraz wyżej
coraz dalej

tam na końcu
najcieplejszy jest dach
i
załzawione oko
stawu

więc zasnęłaś
śpisz
szumi potok szumią trawy

potok i trawy
trawy i potok
co toczy i trwa

YOU'VE FALLEN ASLEEP

You've fallen asleep
like a dandelion's seedlet
in a meadow by a stream

high above
bright caves smile
wildly

higher
farther

there finally
the roof is the warmest
and
the teary eye
of a pond

so you've fallen asleep
you're sleeping
a stream hums grasses rustle

a stream and grasses
grasses and a stream
which roves and remains

SZCZELINA

St. B.

W Dworku Łowczego, przy ulicy Kościuszki,
na parterze, w dobrze oświetlonej sali,
na której swe wiersze o bagiennych ludziach czyta Seamus Heaney,
siedzę za dwoma młodymi poetami z Krakowa,
wsłuchanymi niepokojąco w miękki głos Irlandczyka.
Widzę ich krótko ostrzyżone głowy
z daleka tak podobne do siebie,
choć jeden jest brunetem, a drugi ma jasne włosy.
Ale to, co mnie tak naprawdę zaciekawia,
to ich różowe, duże uszy dumnie sterczące
na przekór słowom wydobywającym się z ust tłumacza.
Lewe ucho blondyna, ozdobione srebrnym kolczykiem,
uśmiecha się złowieszczo do ucha swego sąsiada,
który nerwowo tłamsi w dłoni paczkę papierosów.
Obaj ubrani na czarno, z tym że brunet
w sweterek, a jego kolega w jedwabną marynarkę,
pozwalają swoim uszom, różowiejącym coraz bardziej,
rozmawiać po cichu ze sobą. Ale o czym rozmawiają?
Między jednym a drugim poetą widać olbrzymi krucyfiks,
który wisi na przeciwległej ścianie,
tuż za stołem, gdzie siedzą tłumacze i Heaney.
Szczelina między uszami młodych poetów,
wypełniona nagle obrazem pokornego Chrystusa,
pod którymi pełni energii muzycy z Rybnika
grają skoczne irlandzkie melodie ludowe,
zwęża się coraz bardziej, pozostawiając tylko
mały prześwit, żółty pasek przypominający zachód słońca.
I tylko tyle. Nic więcej. Kiedy irlandzki poeta siada,
obaj młodzi pochylają się ku sobie, wymieniają uśmiechy,

CREVICE

for Stanisław Barańczak

In Łowczy Manor, on Kościuszko Street,
on the ground floor, in a well-lit hall
where Seamus Heaney is reading his poems about the bog people,
I'm sitting behind two young poets from Kraków,
who listen to the Irishman's soft voice with alarming attention.
I see their buzz-cut heads
from far away looking so alike,
though one's hair is dark, and the other's blond.
But what really intrigues me,
are their large pink ears proudly perking
despite the words recited by the translator.
The left ear of the blond, adorned with a silver earring,
smiles sinisterly at its neighbor's ear,
who nervously crumples a pack of smokes in his hand.
Both dressed in dark, though the dark-haired one
wears a sweater and his buddy a silk jacket,
allow their ears, becoming pinker,
to talk to each other quietly. But what are they talking about?
Between the two poets there is a giant crucifix,
which hangs on the opposite wall,
right behind the table where Heaney and his translators sit.
The crevice between the ears of the young poets—
suddenly filled out with the image of humbled Christ
under whom energetic musicians from Rybnik
are playing Ireland's lively folk melodies—
narrows more, leaving only
a small clearance, a yellow strip resembling the sunset.
And that's it. Nothing else. When the Irish poet sits down,
both young poets lean towards each other, exchanging smiles,

a ja słyszę kląskanie torfowych stosów.
Być może nie ma to żadnego znaczenia,
że podłużny krucyfiks znika nagle z pola widzenia
i przede mną, prawie pięćdziesięcioletnim, podnosi się
w zgiełku światła, ruchu mikrofonów i uszu,
nieopanowana wrzawa sceptycznej młodości,
wydymającej wargi i rozgniatającej na korytarzu peta
swoją odważną, odzianą w wysoki czarny but, stopą.

and I hear the chuffing of peat piles.
Perhaps this has no significance
that the elongated crucifix suddenly disappears from my field of vision
and before me, almost fifty-years-old, rises
—amidst the world's tumult, shifting of microphones and ears—
the uncontrollable uproar of the skeptical youth in the hallway,
pouting lips and crushing a cigarette butt
with unflinching foot shod in a black boot.

NA ULICY MOJEGO DZIECIŃSTWA

dla Wolfganga Bittnera

Czy mojego?
A może dzieciństwa nie są naszą własnością,
tylko czasu, który nas spłodził i nazwał?
Jeszcze słyszę gwar olch i agrestu,
słodkiego kurzu rozgryzanego w ustach,
ale czy jestem jego posiadaczem
bezwzględnym i jedynym?
Nasze dzieciństwa,
przedzielone zaledwie pięcioma latami,
zderzają się na gliwickiej ulicy
jak dwa szybkie samochody.
Kindheit i dzieciństwo, Gleiwitz und Gliwice
giną w mroku dziejów,
pozostawiając po sobie
gorzki smak historii,
zupełnie jak ów pęk kluczy niemieckich uciekinierów,
wiszący teraz wraz z tysiącem innych
w śląskim muzeum w Görlitz.

ON THE STREET OF MY CHILDHOOD

for Wolfgang Bittner

Is it really mine?
Perhaps childhoods don't belong to us,
but to time, which fathered and named us?
I can still hear the din of alders and gooseberry bush,
of sweet dust crushed inside my mouth,
but am I its unconditional
and the one and only owner?
Our childhoods,
separated merely by five years,
crash into each other on a Gliwice street
like two fast cars.
Kindheit and childhood, Gleiwitz und Gliwice
perish in the darkness of time,
leaving behind
the bitter taste of history,
exactly like that bunch of keys of German refugees
that now hangs with thousands of others
in the Silesian museum in Görlitz.

CMENTARZ I GALERIA

Na wprost starego żydowskiego cmentarza
puszy się ogromny budynek
hipermarketu.
Porośnięte mchem macewy
patrzą z niedowierzaniem na kolorową galerię.
Między nimi
wyrósł nowy żelazny
płot.
Też jest kolorowy.

GRAVEYARD AND GALLERY

Facing the old Jewish graveyard
the huge building of a megastore
is putting on airs and graces.
Moss-covered matzevahs
look in disbelief at the colorful gallery.
Between them
a new iron fence
has risen.
It's also colorful.

ŻNIWA

Czytam wiersze nowego poety.
Noc, letni skwar, burza.
Czytam, odczuwając nieokreślony lęk
przed jego słowami, *bezmiarem traw,*
cichością morza.
Słyszę w nich wołanie o pomoc, ale
wiem, że już mu nie sprostam.
Moje błahe słowa przeciwko jego słowom.
Moja niepewność i jego żniwa.

HARVEST

I'm reading poetry by a new poet.
Night, summer heat, a storm.
I'm reading and sensing vague fear
before his words, *the vastness of grass,
the silence of the sea.*
I hear in them a cry for help, but
I know, I'm no longer a match for him.
My trivial words against his words.
My uncertainty and his harvest.

TU

Słucham muzyki, patrzę przez okno
na zachodzące słońce.
Lekkie drganie gałęzi, żółte światło
latarń, jakiś człowiek kupuje gazetę w kiosku.
Jestem tu na swoim miejscu,
choć daleko od siebie
i od własnej, niepowtarzalnej
przeszłości.

HERE

I listen to music, look out the window
at the setting sun.
A slight trembling of the branches, the yellow light
of street lamps, somebody buying a paper at the kiosk.
I'm here in my place,
yet far away from myself
and my own, unique
past.

BYŁO MINĘŁO

było minęło
między było i minęło mała biała szczelina
wąski przesmyk nic nie znacząca pauza
a przecież tyle się tam wydarzyło
wzloty i upadki uczuć
przewidywania tańczące w snach
spotkania na wzgórzu i na skraju lasu
było to co gorące wiotkie w nagłym olśnieniu
było niemądre zdradliwe ale wypełnione nieznaną treścią
minęło bo nie zadrżało w posadach
małe było małe minęło
było długo
minęło raz dwa
a w środku sucha trawa dotknięta kosą słońca
klasztor nad rzeką niepokojące dudnienie pociągu
drobny żwir na drodze do doliny

BEEN AND GONE

been and gone
between been and gone a small white chink
a narrow pass an insignificant pause
but that's where so much happened
ups and downs of feeling
anticipations dancing in dreams
encounters on a hill and at forest's edge
been what's hot and supple in a flash of insight
been unwise treacherous yet filled with unknown meaning
gone because its foundations didn't tremble
little been little gone
been around for long
gone just like that
and in between dry grass touched with sun's scythe
the monastery by the river the train's troubling rumble
tiny gravel on the road to the valley

NIEBO NAD GÓRAMI

Andrzej Wróblewski (1927-1957)

1. Wnętrze pracowni (1947)

nie ma już dzieciństwa
i jego gorących ulic
przewrócone krzesło w pracowni
nie zna przeszłości
na gołej bezbronnej ścianie
wisi płaszcz szara abstrakcja

idzie człowiek-abstrakcja
idzie kobieta-abstrakcja
miasto zatopione w gwiazdach i słońcu
szumi morze śpiewają ryby

niebo nad górami
rozstrzelane i ciche
jakby już nigdy nie miało się
uśmiechnąć

ale przecież jedzie tramwaj
pełen uważnych spojrzeń
ziemski tramwaj
z uczepionym u kół kurzem
słońce z gór pędzlem drażni
motorniczego

za szybą
nagie prostokąty bram
zakrętów i wystaw
segmenty oddechów
płaszcz jest ciepły
choć sam

THE SKY OVER THE MOUNTAINS

after the paintings by Andrzej Wróblewski (1927-1957)

1. Inside the Studio (1947)

there is no more childhood
or its sizzling streets
a chair knocked over in the studio
doesn't know the past
on an exposed defenseless wall
hangs a coat a gray abstraction

there goes a man-abstraction
there goes a woman-abstraction
city drowned in stars and sun
the sea hums the fish sing

the sky over the mountains
punctured and quiet
as if it were never again
to smile

but after all there goes the tram
full of watchful gazes
earthly tram
dust stuck to its wheels
the sun's brush irritates
the driver

behind the window
naked rectangles of gateways
turns and shop displays
segments of breaths
the coat is warm
though alone

2. Syn i zabita matka (1948)

niebieski szofer zawraca nagle
cuchną ryby bez głów
skąd te strzały
dlaczego właśnie teraz je słychać

ciała pomordowanych nie krzyczą
zabity syn zabita matka
w gipsowym świętym uśmiechu

dlaczego teraz niebieski szofer
jedzie po ich puste rękawy
odpięte paski

seria z automatu
kaszle przeklina

kogo rozstrzeliwuje
ludzi czy pamięć o nich
kogo unicestwia
inspektora czy zmiętą bluzę

padają na ziemię
ręce i nogi
wysypuje się z kieszeni
obskurne zdziwienie
zdziwienie śmiercią i farbą

oczy
oczy patrzą
zapamiętują
ale nie dla siebie

2. Son and Murdered Mother (1948)

a blue chauffeur suddenly turns back
headless fish stink
where are the shots coming from
why are they audible just now

bodies of the murdered don't scream
murdered son murdered mother
frozen in a plaster-cast smile

why only now is the blue chauffeur
going to fetch their empty sleeves
unbuckled belts

machine gun's burst
coughs and curses

whom does it execute
people or the memory of them
whom does it annihilate
an inspector or a rumpled sweatshirt

arms and legs
fall to the ground
from the pockets
pours out a shabby surprise
a surprise of death and paint

eyes
eyes watch
memorize
but not for themselves

3. Wypadek (1952)

plecy tłum pleców
ulica zastyga w milczeniu

to nie partyzanci na dworcu
w poczekalni
rozmawiają o ziemiach odzyskanych

zegarek sklepikarza
ma wskazówki polityczne

a w Waganowicach
chmury niebo pola
a w Waganowicach
żółte kłosy nabrzmiewają spokojem

leżący na jezdni
nie ma twarzy

twarz ma pole
porośnięte zbożem

twarze mają dachy
i góry
one są wysoko
nie dotknięte krwią

z dachów i gór
widać tylko soczyste pastwiska

3. An Accident (1952)

a back a crowd of backs
the street freezes in silence

those aren't partisans at the station
in the waiting room
they talk about the recovered territories

the shopkeeper's watch
has political hands

and in Waganowice
clouds sky fields
and in Waganowice
yellow spikes swell with calmness

a man lying in the road
has no face

a field of wheat
has a face

rooftops have a face
and mountains
they are too high
to be touched by blood

from the rooftops and the mountains
one can see only juicy pastures

4. Głowa z czerwonymi oczami (1954)

w butach ustawionych pod ścianą
schowane szczęście
Kitek przy Teresie dąży do doskonałości
i wchodzi na drabinę

ale uwaga
garbuska zna przyszłość
i rozbija kolorowe butelki
szkło rozpryskuje się
na wszystkie strony

tarki trą
brudne myśli
głowy z czerwonymi oczami
śnią o jedwabistych włosach
wózki dla dzieci
pędzą przed siebie
jak rozwrzeszczane gęsi

na wadze
chłopczyk z ciepłym brzuszkiem
na wadze
ryby gadające z głowami

czerwone oczy zdmuchają
z dachów piórka śniegu

4. Head with Red Eyes (1954)

in the shoes lined up against the wall
a hidden happiness
next to Teresa, Kitek strives for excellence
and climbs up the ladder

but watch out
the hunchback knows the future
and breaks colorful bottles
glass shatters
in all directions

graters grate
dirty thoughts
heads with red eyes
dream about silky hair
strollers rush ahead
like screaming geese

on the scale
a little boy with a warm tummy
on the scale
fish chat with heads

red eyes blow feathers of snow
off the roofs

5. Krzesła (1956)

już dusi się
w pustych ubraniach
już topi się
w ciemnej dzikiej rzece

kolejka trwa
do cienia
do matki
do konia i krowy

w krześle w czerwonym pejzażu
ciało unieruchomione po wsze czasy
suchy piasek na plaży
wchodzi do uszu i ust

za oknem wisi pranie
wiszą domy na zboczu
wiszą drzewa rozdarte na wietrze

on i ona
mijają człowieka na wózku
już ma niedaleko
do kresu

kolejka trwa
siedzą na krzesłach po cichutku
siedzą w milczeniu

wózek się toczy
brzęczy i stuka
kolejka nie podnosi oczu
umarła na siedząco

5. Chairs (1956)

it already suffocates
in empty clothing
it already drowns
in a dark wild river

a line of people continues
to a shadow
to a mother
to a horse and a cow

in the chair against the red landscape
a body immobilized indefinitely
dry sand on the beach
gets inside ears and mouth

outside the window laundry hangs
houses hang on the slope
torn trees hang in the wind

he and she
pass a man in a wheelchair
who doesn't have much left
until the end

the line continues
they quietly sit in the chairs
they sit in silence

the wheelchair rolls on
clanks and clatters
the line doesn't lift its eyes
it has died sitting down

6. Biały statek (1956)

te statki nie płyną
te tramwaje nie jeżdżą

podróży nie będzie
czarna barka osadzona na mieliźnie

koń i krowa skubią trawę
śliczne córeczki zapatrzone w słońce

czerwony statek i karetka pogotowia
w serdecznym uścisku oczekiwania

podróży nie będzie
ciemna rzeka
ucieka za horyzont
gdzie dom i słońce
piją wiatr

szafirowy szofer
opala się bezbronnie
będzie wezwany

tymczasem oracz
dzieli cały pejzaż
na białą i czerwoną połowę

6. A White Ship (1956)

these ships don't sail
these trams don't run

there'll be no journey
a black barge ran aground

a horse and a cow nibble on the grass
beautiful daughters stare at the sun

there'll be no journey
a dark river
escapes behind the horizon
where the house and the sun
drink the wind

sapphire chauffeur
tans unarmed
he'll be summoned

meanwhile a plowman
divides the entire landscape
into white and red halves

7. Czaszka czyli wyznanie
skompromitowanego byłego komunisty (1957)

stałem w kolejce jak inni
ale człowiek w wózku przy mównicy
zaczął rozdzielać razy

skądś dochodził głos skrzypiec
rozdzierający

ukrzesłowieni ludzie
przewracali się jak pionki
na szachownicy

bolały mnie plecy
czułem na sobie oddech
szofera

głowa mężczyzny z czerwonymi oczami
wyzierała spoza drzew

na dziecięcej wadze
kołysały się ryby i butelki

kiedy mijałem dworcową poczekalnię
zobaczyłem siebie
siedzącego na ławce z czerwoną chorągiewką

to byłem ja umarły

tramwaj zaczął ruszać
słyszałem jazgot kół
i drganie szyn

7. Skull, That is, a Confession
of a Discredited Former Communist (1957)

I was standing in line like others
but a man in a wheelchair by the rostrum
began to shake his fists

a piercing sound of violins
was coming from somewhere

chair-bound people
were falling like pawns
on a chessboard

my back was hurting
I felt the chauffeur's breath
on my back

the man's head with red eyes
was peeping out from the trees

on a child's scale
fish and bottles were rocking

passing the station's waiting room
I saw myself
sitting on a bench holding a little red flag

that was me dead

the tram began to move
I heard the clamor of wheels
and the trembling of rails

daleko na horyzoncie
jaśniejące w słońcu góry

i niebo nad górami

marzec 1996

far away on the horizon
mountains illuminating in the sun

and the sky over the mountains

March 1996

BÓG

Alikowi

Zapadła ciemność jak cerkiew ciszy.
Psalmista połyka strofy płomieni. Bóg
za dwa tysiące złotych naucza chłopców
mądrości. W Bizancjum powiedzieli:
podzielcie chleb i ukrzyżujcie
piekarzy. Nawet palce kłują krew.

GOD

for Alik

Darkness has fallen—a silent Orthodox church.
The psalmist swallows the stanzas of fire. God
for two thousand zlotys teaches the boys
about wisdom. In Byzantium they used to say:
break the bread and crucify
the bakers. Even the fingers prick the blood.

OGIEŃ

Nie zawsze, kiedy mówię „ogień",
myślę „ogień". Czasem, gdy mówię
„ogień", myślę: biała, umierająca
wieczność, czyste, nieskazitelne
drganie, rosnąca, ujmująca
miłość.

FIRE

It's not always that when I say "fire,"
I think "fire." Sometimes when I say
"fire" I think: a white, dying
eternity, a pure, immaculate
vibrating, a growing, captivating
love.

ŚLĄSK

Pokrzywy i olchy,
woń mleczów i ciasta,
płonie dzieciństwo, rośnie smolna kulka,
nie kończąca się szosa,
śmigające rowery, słoje pełne
grylażowych cukierków, w białych workach mąka,
kaj żeś wloz, pierunie,
babcia przy piecu,
wije się szarfa i cofa,
piekarskie córki za oknem,
na stryszku łóżko i niemiecka książka,
odpowiedź śle trzcina nad Kłodnicą,
śpią sukienki do pierwszej komunii,
pociąg spieszy, wesołe pisklęta,
deszczowy poranek klnie na czym świat stoi,
spadają czerwone dachówki,
u wezgłowia najcichsze bery i bojki,
a potem, nagle, po latach,
wszystko, i trzciny, i ogniska,
kruche kukuruźniki i bunkry,
chowa się za rozkopanym podwórkiem,
z którego widać dwa rozdzielone murem
groby rodziców.

SILESIA

Nettles and alders,
the aroma of thistles and cakes,
childhood alight, the tar ball swells,
never-ending highway,
whooshing bicycles, jars full
of almond-filled candies, flour in white bags,
how'dja get in there, you rascal,
grandma by the stove,
a ribbon weaves through the air and flutters,
the baker's daughters behind the window,
in the attic a bed and a German book,
a reed from the shores of Kłodnica River supplies the answer,
sleeping first communion dresses,
a train hurries, happy nestlings,
a rainy morning curses what the world stands on,
red tiles fall off the roof,
at the headboard the quietest stories and tales,
and then, suddenly, after all these years
everything—and reeds, and bonfires,
fragile Russian biplanes and bunkers—
hides behind a dug up courtyard
from which one can see two
separated by a wall
parents' graves.

WIECZNOŚĆ

ludzie umierają
pnie się bluszcz
pachną malwy
wieczność krótka jak piosenka
niedokończona piosenka

ETERNITY

people die
ivy grows
mallows release a scent
eternity short as a song
an unfinished song

JUŻ NIC

Już nic.
Dymy, dwie dzikie kaczki,
popiół ogniska.

Już nic.
Uśpione wodorosty,
wąska ścieżka.

Za wodą nic,
za torami
nic.

Już nic
nigdy nic,
już nigdy
za nic
w świecie
nic.

NOTHING MORE

Nothing more.
Smoke, two wild ducks,
bonfire ash.

Nothing more.
Sleeping waterweeds,
narrow trail.

Beyond the water nothing,
beyond the tracks
nothing.

Nothing more,
nothing again,
never again
for nothing
in the world
nothing.

NOTES

"The Old Synagogue": Ulica Szeroka/Broad Street is a major street in Kraków's former Jewish district Kazimierz. Stanza three contains a (mis)transliterated phrase in Yiddish. Its meaning can be approximated as: "The boy was brave about the scuffle."

"Rothko Chapel": The quote in the third stanza is taken from a drama, *Pierścień wielkiej damy* (1872) (*The Ring of the Great Lady*), written by Cyprian Kamil Norwid (1821-1883).

"Death is a Jewess": "Vlasovtsy" is a colloquial term applied to Russians who fought under German command during WWII. Andrey Vlasov was the commander of the Russian Liberation Army (a.k.a. the Vlasov Army), which should not be confused with the Russian Liberation People's Army (RONA). It was the latter's S.S. Sturmbrigade RONA (a.k.a. the Kaminsky Brigade) that took part in the crushing of the Warsaw Uprising. "Umschlagplatz" was the staging area set up by the Nazis from which Warsaw Ghetto Jews were deported to Treblinka.

IN-BETWEEN WORDS

In one of his most revealing poems, Julian Kornhauser compares language to a shield. While straightforward, the comparison is nevertheless ambivalent. The shield is a protective device, and one of the poet's points is definitely to convince the reader that words, especially poetic words, fortify us against the chaos of the world. Yet the context adds an additional meaning since for the poet the shield-language also involves the use of "masks, appearances, lies." Thus, to precisely articulate what we mean to say seems like a sheer impossibility. One cannot help using words and grammar, and by doing so one translates the speech of the heart into a syntactically objectified, impersonal parlance. Kornhauser's poems are informed by a strong conviction that speaking is never innocent and pure, and that our intentions are inevitably falsified. Actually, I find this to be one of the motifs haunting the poet, particularly in his later texts. He seems never satisfied with a language. On the contrary: being aware of the distorting mechanism inherent in any linguistic act, Kornhauser tends to diversify his idiom, multiplying dialects and jargons, and opening his phraseology to all kinds of inflections.

His determination to ceaselessly change and proliferate poetic idioms, speak in as many tongues as possible and hide behind innumerable registers of his native speech (add to this a truly astounding hypersensitivity towards minutest linguistic details and nuances), makes Kornhauser a rather unique figure among his peers. Not that the other poets were insensitive or immune to the tonal/stylistic possibilities and contortions of their native language. One of the basic axioms informing the poetic movement known as the New Wave Generation (*Pokolenie Nowej Fali*) was that of the linguistic character of human perceptions and interactions which are mediated and thus unavoidably misrepresented. If we were to find a sentiment common to such poets as Adam

Zagajewski, Ryszard Krynicki and Stanisław Barańczak, often acknowledged as the most important representatives of the New Wave group, we would probably have to start with the idea of a distrust towards human speech, particularly in its communal and public use. In face of the socio-political newspeak, dogmatic and all-encompassing, these poets chose to disclose its fictions and exaggerations in an ironic mode by turning it against itself and demonstrating, sometimes very ingeniously, the invisible workings of the ideological discourses. Saying that the poetry associated with the Generation '68 was focused primarily on language is therefore no exaggeration. Differences between Kornhauser and his colleagues, most of whom insisted on refining and perfecting their poetic voice, become apparent when we take a closer look at how their artistic careers developed. For the three poets I have just mentioned, a sense of linguistic and formal continuity has remained a test of artistic credibility. Take Zagajewski, always speaking to us with a voice of a sublime if slightly skeptical and distanced aesthete. Or Krynicki's minimalist poetics that has found expression in haikus and aphoristic fragments, culminating in the poem entitled "White Page" (it contains only the title and a dedication). Or Barańczak, in whose complex work one can detect the steady evolution of the formalist and conceptual lyric the aim of which is to order the world by means of rhymes and rhythms. In all these instances there is the firmness of intent as well as the constancy of expression. The poets' voices are stable and predictable, making sure we identify the work with its author.

Not so with Kornhauser, though. The most striking feature of his work is the apparent lack of dominating tone or idiom. As a matter of fact, one can hear many different idioms and registers being employed by the poet whose main preoccupation is not refining his voice but mimicking other voices. It would surely be wrong to see in Kornhauser a direct descendant of the Modernist impersonal mode. In fact, his is most often the first person singular voice, somewhat personal, sometimes even intimate. At the same time, however, it is a voice extraordinarily sensitive to the acoustics of the place and the time, trying to give justice to the linguistic (phenomenological, existential) variety of the social reality we live in. Perhaps it would be better to say that the poet's stress on utilizing various jargons and idiolects results from a belief that although one's own voice can be located, it is not an independent entity; instead, it emerges in the public discourse and is consciously dialogic.

Reading Kornhauser's recent collected volume, one can easily notice how in the course of his career the poet absorbed and employed various tones, rhythms and melodies of speech, as if he wanted to change a gear from time to time, freely regulating and adjusting his linguistic and rhetorical pace. In Florczyk's book this aspect of the poet's work is somewhat blurred because the translator organized the poems thematically and not chronologically, and his preference has been for the late rather than early texts (of seventy one poems included in the book, forty come from Kornhauser's last three volumes, whereas the first two collections are represented by only four short lyrics), whereas it is mainly in his poems written in the 1960s and 1970s that we can observe the emergence of novel inflections and intonations. Let us add that Kornhauser's later style is diversified as well, providing the reader with different perspectives and resisting our attempts to approach the poems as a homogenous and coherent whole. I think it would not be a stretch to suggest that Kornhauser's inclination has more often than not been towards the "I do this I do that" type of poem, with idiom and register perfectly adjusted to its subject, and tonal qualities fine-tuned to the situation of the speaker (or speakers).

So what are the tonal frequencies distinguishing Kornhauser's poetry? We could look for a start at his 1972 debut volume *Nastanie święto i dla leniuchów* (*The Slothful Will Have Their Day, Too*) permeated with the language in which surrealist poetics are intriguingly mixed with politically-charged metaphors and images. The book opens with the poem entitled "Spain" ("Hiszpania") and its twin themes of the national liberation and the freedom of artistic imagination. The poems that follow explore the potential of unbridled associations but at the same time advance the notion of literature as a socio-political commentary: the world of the carnival (many texts may be interpreted in the context of the Bakhtinian notion of carnivalesque) meets the world of political oppression. There are interesting and telling references to the paintings of Goya and Breughel, the artists of the horrific and the everyday. There are bizarre juxtapositions of objects, reminding one of (say) Joseph Cornell boxes. In some ways, the volume is exceptional in the poet's *oeuvre*. It is surprisingly joyful and bent on emancipated imagination as the force capable of crossing all borders and constraints, be it linguistic, epistemological or ideological. Kornhauser would never return to that kind of diction although its echoes can be heard in his two short novels published in the 1970s.

Many poems written in the 1970s and 1980s are informed by the poet's obvious preoccupation with different varieties of the colloquial language. Repeating the trivial and semiautomatic phrases overheard in the street and in the official media, Kornhauser manages to show how absurd and meaningless they are. We can hear the tired and dull voices of factory workers and peasants, housewives and clerks, all living in the mundane pseudo-reality (unreality, as some used to say) of Communist Poland. The poems are permeated with delicate yet stinging irony verging on gloominess. There is occasional fascination with the way ordinary people use language and interact by means of ritualized language games. Basically, however, these poems are exercises in futility. We follow pointless conversations and observations, with people unable, or perhaps unwilling, to go beyond ritual forms of communication. It should be stressed that in such volumes as the 1982

Hurrraaa! (*Hurrraah!*), where Kornhauser's preoccupation with the spoken finds its cheerless culmination, the language is highly idiomatic and abounds in phrases which are hardly translatable. One of the examples of such a stance to be found in Florczyk's selection is "A Freewrite" ("Wolny temat"), an ostensibly matter-of-fact but actually absurd monologue of a villager, with its devastating ending: "all together five hundred families/ people are nice/ but some are uncultured." The strength of the poem lies in the way Kornhauser imitates accents and intonations of the villager's idiolect, like in the just quoted lines which in the original Polish version sound grotesque not only because of their demystifying stab at the speaker (whose perspective of a village explainer is absurd) but also because of their tonal quality, evident to native speakers but inevitably suppressed in translation.

Quite early, there emerged in Kornhauser's work a distinct preoccupation with the language that would grasp the essence of reality and objects. Such a phenomenological attitude can be detected in the 1978 volume *Stan wyjątkowy* (*State of Emergency*). Its best manifestation is the poem "Treatise on Poetry" ("Traktat poetycki"):

> I would give a lot for
> this poem to be a box
> of matches, an unshaded lamp
> on the desk, a laundry receipt.
> This dream makes me
> a poet.

Kornhauser's poetic dream should be familiar to the American readers in that it echoes the objectivist utopia of the poem which first of all is an object and only then provides a meaning. "A poem should not mean/ But be," as Archibald MacLeish tersely put it in his "Ars Poetica." This kind of concentrated perception is frequently evoked in Kornhauser's later poetry, turning his poems into meditative exercises in pure seeing. No wonder the poet devoted one of his texts to William Carlos Williams: "Remember that beautiful poem/ where Williams described the wheelbarrow?/ I often return to it" ("Eight Lines"). The poetry of objects and accurate descriptions, dreams of dispensing with words and becoming one with the (f)actual—such concerns inform some of Kornhauser's most beautiful poems (assuming we still believe in the category of beauty) like the one composed after a visit to a Croatian town: "I walk across the city/ at night, to the harbor./ Warm rain sprinkles down./ Before me I hear only/ the footsteps of the sea" ("Split, Croatia").

It would be difficult to give full justice to the linguistic profusion of Kornhauser's *oeuvre*. With its susceptibility to new beginnings and fresh starts, this is the poetry which happily eludes any kind of classification and codification. The diversity of poetic styles and vocal tones is remarkable and (as I said earlier) it makes Kornhauser standout among the other poets of the New Wave Generation. In this context, what must be puzzling to the reader is the strong impression of the personal character of the poems. How is it possible to speak in different tongues and at the same time preserve the individual timbre of one's voice? I think this question may be answered in a number of ways. The most important answer lies in the fact that Kornhauser internalizes other voices and imitates other languages in the spirit of respect, apparently finding and activating them in himself, identifying with them and giving justice to their complexities and ambiguities (this seems to apply even to the languages he considers inauthentic). By doing so, he sustains the significance of his own voice which remains, somewhat paradoxically, idiosyncratic and inimitable. By no means a confessional poet, Kornhauser still speaks to us with extraordinary immediacy and intimacy which appeal to our commitment and empathy.

Piotr Florczyk's is a breakthrough volume as it manages to grasp the richness and depth of the multivocal poetry of a most enigmatic representative of the Polish New Wave generation. After the acclaimed but somewhat shortish collection *Been and Gone* published by Florczyk in 2009 (it included thirty one poems), *I'm Half of Your Heart* offers a much more meticulous and vivid portrait of the poet whose voice is distinct and beautifully inconclusive, and whose characteristic terseness should give us a pause: "So many things to be named/ But I won't name them" ("Oblivion").

Jacek Gutorow
Opole, 2018

TRANSLATOR'S NOTE

I published my first translations of Julian Kornhauser's poems in 2009. That book, entitled *Been and Gone: Poems of Julian Kornhauser* and released by Marick Press, featured work drawn from his three most recent volumes. While it highlighted what I believed to be the best poems from the late stage of Kornhauser's oeuvre, I always knew that someday I would return to Kornhauser's work, including his earlier volumes, which I've never stopped reading and thinking about.

In assembling this latest volume, which reprints some of the poems, revised as needed, from what was effectively a double debut—Kornhauser's in English and mine as a translator—I have decided not to organize the poems chronologically or in adherence to their publication context, believing as I do that selected volumes, especially those by translated poets, should be treated as unique individual books. That my selection might reflect my personal taste and ability as translator is inevitable. At the same time, I trust that the reader will find here the very best poems whose thematic and formal design have occupied Julian Kornhauser throughout his career. My translations are based on the Polish originals included in Julian Kornhauser's *Wiersze zebrane,* edited by Adrian Gleń and Jakub Kornhauser (Poznań, 2016).

On this most recent adventure of carrying Julian Kornhauser's thoughts, feelings, and emotions into English, I have once again been assisted by my teachers, mentors, editors, and friends, including the poet and his son, Jakub Kornhauser. For their encouragement and support, both personal and editorial, I am grateful to Sandra Alcosser, David Axelrod, Christopher Howell, Paul Vangelisti and, especially, to Jacek Gutorow, who has read and commented on this manuscript so many times that I have lost count.

Additionally, I would like to thank the Polish Book Institute, which has generously supported a number of my projects over the years, and the Ph.D. in Creative Writing & Literature Program at the University of Southern California, my present academic home, whose support, not the least in the form of a research enhancement fellowship, has enabled me to bring this project to fruition. Finally, I am deeply grateful to Christine Holbert and her team at Lost Horse Press for embracing and guiding this work into the world.

Piotr Florczyk
Los Angeles, 2018

BIOGRAPHICAL NOTES

JULIAN KORNHAUSER, born in 1946 in Gliwice, is a Polish poet, prose writer, literary critic, essayist, translator, and professor emeritus of Slavic languages and literatures at the Jagiellonian University in Kraków. One of the most prominent representatives of the New Wave or Generation '68 literary movement, he was active in underground political activities during the Communist period and signed the "Letter of 59" against changes to the Constitution of the People's Republic of Poland that would see the country align closer with USSR. He has won many awards for his numerous and varied literary output, including the Kościelski Foundation Award (1975), the European Poetry Award (1989), the Award of the Association of Polish Translators (1997), the Karski Eagle Award (2015), the Wroclaw Silesius Poetry Award for lifetime achievement (2016), and the Balaton International Poetry Award (2017). He lives in Kraków.

Piotr Florczyk's most recent books are *East & West*, a collection of poems, and two volumes of translations, *My People & Other Poems* by Wojciech Bonowicz, and *Building the Barricade* by Anna Świrszczyńska, which won the 2017 Harold Morton Landon Translation Award and the 2017 Found in Translation Award. He lives in Los Angeles, where he is a doctoral candidate at the University of Southern California.

Paul Vangelisti has published more than thirty books of poetry and is a noted translator from Italian. In 2015 he edited Amiri Baraka's *SOS: Poems 1961-2013*, for Grove Atlantic, and in the same year his book of sonnets, *Solitude*, appeared in a bilingual edition in Italy. In 2016 a new collection of poems, *Border Music*, was published by Talisman House. His translation of Adriano Spatola's *The Position of Things: Collected Poems, 1961-1992* received the Academy of American Poets translation prize in 2010. Vangelisti lives and works in Los Angeles.

Jacek Gutorow is an award-winning Polish poet, critic, and translator. A selection of his poetry translated into English, entitled *The Folding Star and Other Poems,* was published in 2012 by BOA Editions, as a Lannan Translations Series Selection. Gutorow lives in Opole, Poland, where he teaches British and American literatures at the University of Opole.